C.H.BECK WISSEN

Nach dem Ersten Weltkrieg erreichte das Britische Empire seine größte Ausdehnung und umfasste fast ein Viertel der Landfläche der Erde. Aber dieses Imperium war nicht homogen, sondern ein ständig umkämpftes Projekt. Es wurde vorangetrieben vom Finanzkapitalismus der Londoner City wie vom Pioniergeist Einzelner, von Siedlern, Missionaren und Händlern. Während im Commonwealth heute eine Gemeinschaft von Staaten fortbesteht, leben auch die Schattenseiten des Empire weiter: von der Vertreibung und Vernichtung der indigenen Bevölkerung über Sklaverei, Ausbeutung und Hungerkrisen bis hin zu den Kolonialkriegen. Benedikt Stuchtey stellt die 500-jährige Geschichte des Britischen Empire in konzentrierter Form und im Vergleich mit anderen Imperien der neueren Geschichte dar.

Benedikt Stuchtey war von 2004 bis 2013 stellvertretender Direktor des Deutschen Historischen Instituts in London und hat seit 2013 den Lehrstuhl für Neuere und Neueste Geschichte an der Philipps-Universität Marburg inne. Er hat Gastprofessuren und Visiting Fellowships u. a. an den Universitäten Basel, Cambridge, München und New Delhi wahrgenommen. In C.H.Beck Wissen ist von ihm außerdem erschienen: *Geschichte Irlands* (2012).

Benedikt Stuchtey

GESCHICHTE DES BRITISCHEN EMPIRE

C.H.Beck

Für Florian und Felicitas

Mit einer Karte (© Peter Palm)

Originalausgabe

www.chbeck.de
Satz: C.H.Beck.Media.Solutions, Nördlingen
Druck und Bindung: Druckerei C.H.Beck, Nördlingen
Reihengestaltung Umschlag: Uwe Göbel (Original 1995, mit Logo),
Marion Blomeyer (Überarbeitung 2018)
Umschlagabbildung: Walter Crane, Imperial Federation
Map of the World Showing the Extent of the British Empire in
1886 (1886), Detail, © Look and Learn/Bridgeman Images
Printed in Germany
ISBN 978 3 406 76699 2

myclimate

klimaneutral produziert
www.chbeck.de/nachhaltig

Inhalt

1. Einleitung

Zahlreiche Miniaturen des Britischen Empire befinden sich im Zentrum Londons, seiner *first city*. In den 500 Jahren zwischen dem ersten Kontakt mit dem amerikanischen Kontinent auf Neufundland 1497 und der Übergabe Hongkongs an China 1997 haben sich in Reaktion auf die globale Präsenz des Empire viele Denkmäler und Monumente, Plätze und Straßen, auch ganze Stadtteile wie das East End als sozialer Spiegel der Immigration, in die Architektur Londons eingeschrieben. Das 1875 im neogotischen Stil fertiggestellte Albert Memorial im Hyde Park, das die vier Kontinente Europa, Afrika, Asien und Amerika versinnbildlicht, und das Poster von Ernest Dinkel, *Visit the Empire by London's Underground* (1933), das zu einer imaginären Reise nach Indien oder Südafrika, Nigeria oder Burma einlud, gehören ebenso dazu wie die mit Flaggen geschmückte Westminster Abbey. Gandhis Statue auf dem Parliament Square (2015) steht unweit derjenigen Churchills, als bekundete das moderne Großbritannien demonstrativ seine Abkehr von alten Traditionen. Nach eigener Aussage hatte Churchill das Empire noch wegen des «Prunks, des Pomps und des stets gekühlten Champagners» geliebt.

Nach dem Ersten Weltkrieg erfuhr es seine größte Ausdehnung und umfasste nahezu ein Viertel der Landfläche der Erde. Schon viktorianische Karten dokumentierten die Dominanz, so die *Imperial Federation Map* (1886) von Walter Crane. Um die Meere zu regieren, ruht Britannia auf der Weltkugel und nimmt die Huldigungen der Repräsentanten aller von ihr beherrschten Weltregionen entgegen. Freiheit, Brüderlichkeit und Föderation sind Leitbegriffe seit den Anfängen der Tudorkönigin Elisabeth I. bis zur Spätphase der Regierungszeit Königin Elisabeths II.

Jedem der sieben chronologisch geordneten Hauptkapitel wird in diesem Buch ein für die jeweils behandelte Zeitspanne repräsentativer Erinnerungsort beigefügt, eine Region (2), eine Sklavenplantage (3), eine Inselgruppe (4), eine Kolonial- und eine Hafenstadt (5+6), ein Mandatsgebiet (7) und ein Schiff (8). Auch andere Orte und Räume wären denkbar: das Londoner Wembley-Stadion als Austragungsort der Empire Exhibition von 1923; Greenwich als ehemaliges Zentrum der Marine und Standort der Sternwarte zur Markierung des Nullmeridians (seit 1884), mithin zur globalen Kontrolle und Vereinheitlichung der Zeitzonen, in deren Folge der urbane Raum Großbritanniens und des Empire mit Turmuhren dicht bestückt wurde; das 1888 fertiggestellte Bahnhofsgebäude des Chhatrapati Shivaji Maharaj Terminus in Bombay (Mumbai), seinerzeit die repräsentativste Herrschaftsarchitektur Britisch-Indiens; ein Netzwerk von über 40 vegetarischen Restaurants, die es in London um 1900 gab, stellvertretend für die Vegetarian Society, deren Mitglied auch Gandhi war; das British Empire and Commonwealth Museum (2002–2013) in Bristol; die südafrikanische Stadt Ladysmith nahe der Grenze zu Natal, wo während des Burenkriegs britische Truppen fast 120 Tage eingeschlossen waren. Die hier ausgewählten Erinnerungsorte sind zum einen Schlaglichter besonderer Momente der Empiregeschichte, zum anderen können sie auch symbolisch übergeordnet verstanden werden. Sie lassen kleinere Räume denken als die von der Forschung revidierten älteren Konzepte eines «atlantischen ersten Empire» bis 1800, eines «asiatischen zweiten Empire» bis 1920 oder der «Aufteilung Afrikas». Daraus schlussfolgernd ist es wichtig, ein Kolonialreich stets in seiner Reziprozität zu betrachten: «Metropole» und Kolonien sowie die Kolonien untereinander waren wechselseitig aufeinander bezogen.

Folgende Gedanken liegen dem zugrunde: *Erstens* gab es nicht *ein* Britisches Empire, sondern eine Vielzahl fragmentierter Formen von Kolonialismen und Imperialismen. Die beeindruckende Rotfärbung der «maps of empire» suggerierte eine räumliche Expansion in einer ununterbrochenen Zeitspanne und den Eindruck von beständiger Macht. Das britische Rot auf den Weltkarten prägte sich wie das Blau für das französische Kolonialreich und das Gelb des deutschen Kaiserreichs in das kollektive

Bewusstsein ein. Die imperiale Farbenlehre vermittelte den Eindruck, Imperien wären uniform und homogen wie das Modell des Nationalstaats. Aber schon Adam Smith zufolge war das Empire ein «Projekt», angewiesen auf offene Verbindungen, fortwährend umkämpft und umstritten, an seinen durchlässigen Grenzen und im Inneren in dauernder Selbstverteidigung begriffen, die wiederum einerseits koloniale Gewalt, andererseits mangelhafte Durchdringung der Kolonien bedeutete. Wie jedem anderen Imperialstaat fehlten auch dem britischen zur Durchsetzung der lokalen Kontrolle die Mittel, was Kooperation vor Ort notwendig machte. Handelskompanien der Vormoderne und Mandatsgebiete nach 1919 machten die gleiche Erfahrung.

Zweitens war das lange 19. Jahrhundert zwischen Amerikanischer Revolution (1776) und Statut von Westminster (1931) *die* wichtigste Epoche des Empire. Betrug im Jahr des ersten Zensus (1801) die Bevölkerungszahl Englands neun Millionen, so waren es 40 Millionen im Jahr 1900. Auch die Zahl der Einwohner Londons wuchs kontinuierlich: Um 1800 waren es knapp unter einer Million, um 1900 bereits über sieben Millionen.

Ein Bundesstaat im Südosten Australiens, die Hauptstadt der Provinz British Columbia in Kanada, der größte Binnensee Afrikas: Sie alle sind nach Königin Viktoria, seit 1876 auch Kaiserin Indiens, benannt. In den 64 Jahren ihrer Regierung (1837–1901) führte das Empire 72 Kriege, ein Zeitalter der Pax Britannica. Viermal besuchte die Queen Irland (1849, 1851, 1861, 1900), kein einziges Mal den Rest des Empire. Ihr Enkel, der spätere König Georg V., glich dies mit seiner pompösen *Royal Tour* 1901 aus, die ihn um die ganze Welt führte. Viktorias Söhne Albert Edward und Alfred hatten schon 1860 durch ihre Reisen nach Kanada und Südafrika die royale Sichtbarkeit gesteigert und die imaginäre Gemeinschaft über die weite Distanz gestärkt. Im Alltag war Viktoria durch Münzen, Briefmarken und Denkmäler allgegenwärtig. Das Empire sollte als eine große Familie verstanden werden, mit einem «Mutterland» England und den Kolonien als Kindern, die eines Tages in die Unabhängigkeit entlassen werden würden. Die königliche Familie stiftete Gemeinschaft und Identität, aber sie musste sich ständig neu inszenieren.

Eindrucksvoll gelang die Symbiose bis zum Ende des Ersten Weltkriegs, dann rief Gandhi seine Anhänger dazu auf, alle Orden und Ehrenzeichen (Star of India) zurückzugeben, die das Empire verliehen hatte, um die kolonialen Herrschaftssymbole für nichtig zu erklären. Auch Ausnahmen wie die Frankokanadier, die sich mit diesen Formen der Vergemeinschaftung nicht identifizierten, bestätigten die Regel. Andererseits konnte Elisabeth II. anlässlich ihrer Krönung 1953 Königin Salote Tupou III. begrüßen, seit 1918 und bis zu ihrem Tod 1965 Herrscherin über Tonga im südlichen Pazifik. Freiwillig hatte sich das Archipel im Jahr 1900 unter britisches Protektorat gestellt.

Drittens entfaltete Großbritannien im Zeichen der globalen Matrix seines Empire das breite Panorama *aller* Formen von Kolonisation inklusive der frühen Erfahrung der Dekolonisation in Amerika: die Gründung von Kronkolonien, Siedlungskolonien, Dominions, Protektoraten, Mandatsgebieten, Kondominien, Stützpunktkolonien sowie der Ausbau eines dichten Netzes von Kolonialstädten zwischen Boston und Bridgetown, Dublin und Delhi, Kingston und Kapstadt. Kronkolonien unterstanden der direkten Verwaltung und Rechtsprechung der Monarchie. Demgegenüber hatten Dominions als ehemalige Kolonien allmählich politische Autonomie gewonnen. Protektorate sollten den Verzicht auf umfassende Kontrolle durch London zum Ausdruck bringen und vorhandene regionale Herrschaftsstrukturen respektieren. Zwischen 1898 und 1956 bildete der Sudan ein von Kairo mitregiertes Kondominium. Mandatsgebiete wie der Irak wurden unter den Siegermächten des Ersten Weltkrieges verteilt; unter der Aufsicht des Völkerbunds wurden u.a. auch Südafrika und Australien (für Südwestafrika bzw. Neuguinea) beteiligt.

Einzigartig war schließlich die Gründung des Commonwealth, verfassungsrechtlich im Westminster-Statut anerkannt, die auf Arthur Balfours Definition der Dominions und auf Lionel Curtis' Initiative zurückging. Sie verpflichtet zur Gleichberechtigung der Mitglieder sowie zur Treue zur Krone. Trotz der Entkolonialisierung blieb damit eine Staatengemeinschaft bestehen. 1949 fiel das Präfix «British» fort, unwiederbringlich war der Empiregedanke nun vom Commonwealth absorbiert. Dabei bestand kein «Sonderweg», der den Mythos einer angeblichen nationalen Ausnahme und imperiale Nostalgie wie jüngst im Kontext des «Brexit» hervorrufen kann. Der Dekolonisationsprozess muss stattdessen als ein globaler verstanden werden, der nach wie vor nicht abgeschlossen ist, weil Vorstellungswelten des Empire in Denkmälern, Straßennamen und vielem mehr fortbestehen.

Viertens, je früher Kolonien gegründet wurden, umso wahrscheinlicher bestehen sie noch heute als abhängige Gebiete fort. Das betrifft eine verschwindende Minderheit kleiner Inseln, politisch und wirtschaftlich unbedeutend, doch strategisch oft entscheidend, wie das atlantische St. Helena während des Falkland-Krieges. Die Kronkolonie der Pitcairn-Inseln im südöstlichen Pazifik bewohnen keine 40 Menschen, die meisten von ihnen sind Nachfahren der Meuterer von der «Bounty» (1789). Die Inseln verkörpern die enge Verflechtung von ehemaliger Seemacht und Weltmacht und damit den globalen Anspruch, der sich in Begriffen wie «Global Britain», «Anglobalisierung», «Anglo-World», «Greater Britain», «Anglosphere», «Anglo-Saxonism» und «Atlanticism» spiegelt. Ob Imperien im Sinne einer *translatio imperii* vererbt werden, ist eine schon im Hochviktorianismus beliebte und unter dem Begriff der «special relationship» von vielen britischen Premierministern bis in die Gegenwart gern bemühte Vorstellung. Das Konzept, John Bull müsse sein Amt mit Uncle Sam erst teilen und es ihm dann übergeben, dient der Traditionsstiftung und entstammt der Wahrnehmung, Imperien seien überzeitlich, irreversibel und universell.

Fünftens hat kein anderes Kolonialreich der Weltgeschichte ein so breites Angebot an miteinander konkurrierenden Imperialismustheorien hervorgebracht wie das britische. Wie kam es zur kolonialen Expansion und wer und was waren die treibenden Kräfte? Mit den ersten Reiseberichten aus dem 16. Jahrhundert entstanden Rechtfertigungen für den Kolonialismus, im Zuge der Sklaverei und des Sklavenhandels wurden überdies Kritik und Ablehnung geäußert. John Robert Seeley führte mit seinem Buch *The Expansion of England* (1883) das Leitmotiv der britischen Geschichte auf das Empire zu, und er begriff es nicht jenseits der bis dahin dominanten Freiheitsdiskurse, sondern im Versuch der Engführung des Gegensatzpaares *imperium et libertas*. Unter seinen Zeitgenossen hingegen meinte er eine «geistige Abwesenheit» beobachten zu können, als wäre das Empire ohne ihre Beteiligung und die ihrer Vorfahren entstanden.

Dabei spielten sowohl im «Zentrum» wie in den Kolonien bei den für die Expansion Verantwortlichen und den von ihr Profitierenden rassistische Überzeugungen, die unter dem Eindruck von Darwinismus und Evolutionismus zu einem biologistischen Rassismus mutierten, eine große Rolle, außerdem Zivilisierungsmission, erzieherisches Sendungsbewusstsein, Exotismus, Orientalismus, die angebliche kulturelle, moralische und technische Überlegenheit des «Westens», Herrschaftswissen und Freihandelsimperialismus. Es war sein Ordnungsanspruch, der den hegemonialen Zugriff des britischen Weltprimats erzeugte. Das «Andere» wurde als defizitäres Zerrbild entworfen, das Gegensatzpaar «Orient» und «Okzident» war ein Konstrukt der Herrschaftsrhetorik. Indem das Empire über Zwang *und* Konsens nach innen integrierte und Identifikationen für alle gesellschaftlichen Schichten anbot, erklärte es sich in seiner kulturellen Autorität für allgemeingültig.

Das Fremde zu domestizieren, steht für eine sich als überlegen begreifende Herrschaft. Es zudem nutzbar und aus unfruchtbarem Boden einen Garten Eden zu machen, gleicht einer religiös überhöhten Handlung. Das gilt auch für Tiere als Agenten des Empire. Im königlichen Wappen halten Löwe und Einhorn den Schild, das Pferd diente den Kolonialbeamten weit mehr als nur zur Fortbewegung, und Tierschauen – neben den «Völkerschauen» – und der 1828 eröffnete Londoner Zoologische Garten genossen große Popularität. Die Bevölkerung der *first city* holte sich das Exotische gewissermaßen nach Hause. Wer nicht auf die Jagd ging und Distanz zwischen Kolonisatoren und Kolonisierten hielt, der zähmte. George Stubbs hielt dies in seinem Gemälde *A Cheetah and Stag with Two Indian Attendants* (1765) fest.

Der Finanzkapitalismus der Londoner City, der in Großbritannien traditionell gepflegte Pioniergeist Einzelner, die treibenden Kräfte von Banken und Börse ebenso wie der Siedler und Missionare, Händler und Kolonialbeamten «vor Ort» fügten sich ineinander. Für die einen besaß das administrativ und militärisch gestraffte römische Weltreich, für die anderen das antike griechische Föderationsmodell Vorbildfunktion. So sollten im kanadischen Nova Scotia nach seinem Zusammenschluss mit Prince Edward Island (1763) britische Kriegsveteranen mit Parzellen zur landwirtschaftlichen Nutzung angesiedelt werden, vergleichbar der Veteranenversorgung in der römischen Antike. Das Experiment schlug aber fehl und man hatte wie in Irland mit dem Problem abwesender Großgrundbesitzer zu kämpfen.

Sechstens verfügte die Londoner Kolonialbürokratie (Colonial Office) über Experten mit exakten Detailkenntnissen der einzelnen Regionen des Empire. In der Regel zogen sie von Station zu Station und formten ein dichtes Gewebe aus Herrschaftswissen diesseits und jenseits der Metropole. Viele der Gouverneure entstammten dem niederen Adel aus dem anglikanisch geprägten East Anglia mit starkem Drang zu sozialem Aufstieg, ausgestattet mit einem bizarren Snobismus, traditionellem Konservativismus und der Auffassung der kolonialen Welt als einer Legitimationsressource und Kompensation für gesellschaftlichen Einflussverlust in Großbritannien.

Darunter waren Arthur Hamilton Gordon, Gouverneur der Fidschi-Inseln und jüngster Sohn des vierten Earl of Aberdeen, der später noch Neuseeland und Ceylon verwaltete, Lord Dufferin und der Duke of Argyll in Kanada, Lord Lugard in Nigeria, Lord Delamere in Kenia, Hugh Clifford in Malaya, Lord Milner in Südafrika, Earl Roberts in Afghanistan, Earl Kitchener zwischen Südafrika und Sudan, Lord Cromer in Ägypten. Zeitgenossen beschrieben sie wie wandelnde Weihnachtsbäume, behängt mit Sternen, Medaillen und Schärpen, Hermelinroben und Kronen. Dabei hatte der Alltag manche Depressionen, Nervenzusammenbrüche, Alkoholprobleme und ständigen Ärger mit der Dienerschaft zu bieten, und nicht zuletzt ständige Aushandlungsprozesse mit den indigenen aristokratischen Eliten, die auf Malta seit dem 11. Jahrhundert die Macht über die Insel beanspruchten und in Indien seit 1857 eine wichtige Rolle im Herrschaftszeremoniell des Raj (britische Herrschaft) übernahmen. Lukrativ waren die Posten der Kolonialbürokratie nicht, zuständig in Indien war der Indian Civil Service (1861–1947). Die vielen Empfänge verlangten private Mittel, denn der britische Staat hielt sich finanziell stets zurück gemäß der Grundregel eines möglichst kostengünstigen Kolonialismus. Aber man konnte auf einen Sitz im House of Lords hoffen. Der Kolonialadel war ein Relikt älterer Sozialstrukturen, ohne Wechselbeziehung mit den nationalistischen Leidenschaften der modernen Industriestaaten, eine Übergangserscheinung vor dem Horizont radikaler politischer Veränderungen, aber mit dem Habitus der Individualität. Sein soziales Kapital war mit dem Bild der entbehrungsreichen kolonialen Bewährung gut vereinbar.

Die Bank of England, das Finanzkapital der Versicherungen und der Schiffsindustrie, der internationale Gold- und Silbermarkt: Sie alle und viele mehr als individuelle Akteure und Institutionen predigten die Freiheit des Handels und profitierten von der Unfreiheit derjenigen, mit denen sie handelten. Den imperialen Staat machten überdies Anglikanische Kirche, Regierung und Parlament, Industrie und Landwirtschaft, wissenschaftliche Einrichtungen und Akademien, Arbeiterschaft, Bürgertum, Adel und Monarchie mit ihren jeweils eigenen Interessenlagen aus, ferner Medien wie die mächtige Boulevardpresse, die maßgeblich zur imperialen Propaganda beitrug. Überall im Land schossen Music Halls wie Pilze aus dem Boden, die den populären Jingoismus befeuerten, Ausdruck des übersteigerten und vom aggressiven Imperialismus begeisterten Nationalismus. Museen stellten Kunstwerke aus den Kolonien zur Schau. Militärparaden, Rundfunk und Film inszenierten die Popularität des Empire vor allem in den 1920er Jahren.

Edward Elgars Hymne *Land of Hope and Glory* (1902), Rudyard Kiplings Roman *Kim* (1901) und Joseph Conrads *Heart of Darkness* (1902), das Gemälde *The Secret of England's Greatness* (1862/63) von Thomas Jones Barker: Beispielhaft trugen Musik, Literatur und Künste zu einem emotionalisierten Bild des Empire bei. Alltägliche Objekte wie Fotografien und Postkarten, Münzen und Briefmarken, Kolonialwaren und Klaviertasten aus Elfenbein prägten sich ins Gedächtnis der Nation ein, die eine imperiale geworden war. In den Kolonien konnten Uniformen oder dem englischen Zivilgericht nachgeahmte Perücken für Richter diese Symbolik haben. Bedeutsam wurde der Empire-Tourismus, mit dem Thomas Cook entstand. Schon gegen Ende des 19. Jahrhunderts wurde Ägypten zum Ziel von Massentouristen. 1837 ist das Geburtsjahr der Peninsular & Oriental Steam Navigation Company (P&O), der damals größten Reederei der Welt mit Sitz in London. Wissenschaften wie Botanik, Geographie, Kulturanthropologie, Ethnologie und Tropenmedizin begriffen sich als Motoren der Transformation.

Siebtens repräsentierten in den Kolonien u.a. Militär und Polizei, Verwaltung und Handel, international agierende Unternehmen, Gerichte und Schulen die Herrschaft. Auch Ingenieure, die Staudämme oder Bahnhöfe bauten, Stadtplaner und Architekten, die Kolonialstädte anlegten, Magnaten von Gold- und Edelsteinminen sowie Plantagenbesitzer, die Baumwolle produzierten und sie wie Jute zu einem globalen Konsumgut machten, waren Agenten des Kolonialismus, der Mentalitäten und Identitäten schuf. Dem Staats-Körper vergleichbar bildeten technische Artefakte (weltweites Telegrafensystem, Eisenbahnnetze) menschliche Organe wie das Nervensystem oder den Blutkreislauf ab. Das Empire trat als der vergrößerte Körper des Staates auf, die Technisierung seiner Lebenswelt verursachte die Verdichtung seiner Dingwelt.

Folgen der kolonialen Expansion waren *achtens* Vertreibung, Zwangsumsiedlung, Massenfluchten, Migration, Ausrottung, Armut und Hungersnöte der indigenen Bevölkerungen; auf die Bedürfnisse des Empire zugeschnittene agrarische Monokulturen und Entwaldungen mit massiven ökologischen Schäden; die staatlichen Teilungen von Indien, Irland, Zypern u.a. Aber die kolonisierten Bevölkerungen waren nicht lediglich Unterdrückte und Beherrschte, binäre Narrative hegemonialen Handelns auf der einen und subalterner Passivität auf der anderen Seite vereinfachen zu sehr. Die Geschichte des Empire ist eine geteilte Geschichte und ohne die Aufarbeitung durch die Historiographie der ehemals Kolonisierten höchstens eine halbe.

Ohne ihre ortskundigen Dolmetscher, Informanten und Spione; ohne indigene Schmuggler in den Grenzräumen und Entscheidungsträger, die zur Kooperation mit den britischen Machthabern bereit gewesen wären; ohne die zahllosen Hilfsarbeiter und Tagelöhner, die an Ort und Stelle für die großen Bauprojekte wie den Hafen- oder den Eisenbahnbau angeworben wurden; ohne die Aufseher, Kommandanten und Amtsträger in den Straflagern: Ohne sie wären die Industrialisierung und die Urbanisierung der kolonialen Einflussbereiche und ihre Herrschaftssicherung durch Infrastruktur und Alphabetisierung gar nicht möglich gewesen. Disziplinierung und menschenverachtende Gleichgültigkeit ergänzten sich. Reporter wie William Howard Russell bauten in ihre Berichterstattung die moralische Verurteilung des Beobachteten ein.

Sie lassen – neben zahllosen Epidemien und Seuchen, Fluchtbewegungen, Naturkatastrophen wie Zyklonen in Indien und Hurrikanen in der Karibik, zeitweise heftiger Kolonialkritik in der Metropole und Widerstandsbewegungen in den Kolonien sowie kolonialen Aufständen und Kriegen – das Britische Empire im Licht der Unsicherheit erscheinen und damit weniger gefestigt, als manche noch heute gebräuchlichen Orden und Auszeichnungen wie der «Order of the British Empire» (OBE) es suggerieren. Das Empire war zwar nicht dauerhaft im Krisenmodus. Das Gemälde *The Remnants of an Army* (1879) von Elisabeth Butler (Thompson) zeigt aber eindringlich die Verletzlichkeit des Militärs, in diesem Fall angesichts des extrem verlustreichen ersten anglo-afghanischen Kriegs (1839–1842) vor dem Hintergrund des Konflikts in Zentralasien («Great Game»). Auch Fontanes Ballade *Das Trauerspiel aus Afghanistan* (1857) erzählt davon und hinterfragt nachdrücklich das vom Kolonialismus gepflegte Männlichkeitsbild.

Neuntens bestimmten nicht selten Langeweile, Gleichförmigkeit und Routine das Leben der Gouverneure und Soldaten. Nicht die Dramatik von anti-kolonialen Revolten, von Tigerjagd und Safari, von unterhaltsam-elitärem Sport (Cricket, Tennis, Pferderennen, Rugby, Polo) oder von aufwendigen Feierlichkeiten wie dem Delhi Durbar, der Wiederholung der englischen Krönungszeremonie in Indien, sondern Monotonie, Aktenstudium und Zeittotschlagen dominierten den kolonialen Alltag. Das lag an der zunehmenden Isolierung und Verunsicherung der britischen Kolonialgesellschaften und ihrer Tendenz, das soziale und kulturelle Leben Englands in Übersee zu reproduzieren. Gesellschaften waren ähnlich hierarchisch organisiert wie die «memsahibs», die weibliche englische Oberschicht in Indien. Speisegewohnheiten blieben englisch und der Tropenhelm wurde zum Kennzeichen globaler Uniformität.

Einsamkeit und Entfremdung, wie sie George Orwell in *Burmese Days* (1934) beschreibt, prägten das Grundgefühl vieler imperialer Akteure. Wem es gelang, wie James Brooke, Rajah von Sarawak, sich dem zu entziehen, indem er sich seiner neuen Umwelt weitgehend anpasste («going native») und sogar einen eigenen Staat gründete, distanzierte sich politisch und kulturell. Ein homosexuelles Leben zu führen, im Britischen Empire alles andere als eine Ausnahme, zog die erzwungene innere Emigration nach sich. Polarexpeditionen im goldenen Zeitalter der Antarktisforschung zu unternehmen wie Robert Falcon Scott, kam der extremen äußeren Emigration gleich.

Das Britische Empire blieb unvollendet, ohne einheitliches Rezept, eine Sammlung miteinander konkurrierender Entwürfe, ungeeignet für eine Meistererzählung und ohne «master plan», überwiegend improvisiert, paradox, größtenteils dezentralisiert, ohne uniforme Struktur, sondern fluktuierend und instabil. Churchills eingangs zitierte Äußerung kann in der heutigen Zeit deshalb nur mit großer Distanz gelesen werden. Denn in der Summe ist die Geschichte des Empire eine Geschichte unfassbarer Gewalt, humanitärer Katastrophen, weltweiter Auswirkungen auf die Natur und mit einem höchst umstrittenen Erbe. Auch Dekolonisation heißt nicht, Kolonialismus sei überwunden. Im Gegenteil: Koloniale hierarchische Strukturen und Asymmetrien wirken in den globalen der Gegenwart nach, im politischen Denken und Handeln, in internationalen Konflikten. In seiner Geschichte hat das Empire maßgeblich dazu beigetragen.

2. Die Anfänge bis zur Eroberung Jamaikas 1655

Während portugiesische Seefahrer rund um die Südküste Afrikas bis zum Indischen Ozean segelten und wie die Spanier koloniale Stützpunkte in Südamerika gründeten, blieb der englische Expansionsdrang zunächst unterentwickelt. Im erstmals 1497 von John Cabot präzise beschriebenen Neufundland hatte man mit einer Erstbesiedlung und dem Fischfang begonnen, was streng genommen den Anfang des Empire markiert. Das war fünf Jahre nach Kolumbus' erster Reise und drei nach dem Vertrag von Tordesillas, der die Welt in eine portugiesische und eine spanische Hälfte aufteilte. Cabot hatte den von Marco Polo gerühmten Reichtum Ostasiens erwartet, China gesucht und dann doch Labrador gefunden. Vor der Zeit Elisabeths I. (1558–1603) wurden noch keine regelmäßigen transatlantischen Handelsrouten geschaffen, bis die englische Krone die Kolonie von Virginia (1607) formell ihr Eigen nannte. Neuengland, wie der Abenteurer John Smith diese Region (*A Description of New England*, 1616) nannte, bildete mit Siedlungen wie Boston, Salem und Plymouth das Kerngebiet der frühen Kolonisierung.

Voraussetzungen der Kolonisierung

Von Anfang an spielte die Insellage Großbritanniens eine herausragende Rolle. Hierin Japan vergleichbar, ist die einem Kontinent vorgelagerte Insel dazu prädestiniert, aus ihrer ozeanischen Orientierung eine historische Sonderrolle abzuleiten. Wie Daniel Defoe in seinem Roman *Robinson Crusoe* (1719) schilderte, war die Insel unter anderem ein Ort einsamer Bewährung, ein klassisches koloniales Motiv. Ob in philosophischer Auseinandersetzung über die beste Staatsverfassung (Thomas Morus, *Utopia*, 1516) oder in William Shakespeares viel zitierten Zeilen im zweiten Akt von *Richard II* (1597), in denen John of Gaunt spricht: «This precious stone set in the silver sea» – das Inselmotiv ist konstitutiv mit dem Kolonialreich verknüpft. Die Insel konnte einen Sehnsuchtsort (Paradies), einen maritimen Verkehrsknotenpunkt, einerseits abgeschieden, andererseits im Netz strategischen Kalküls gelegen, einen Schlüssel zum Meer und zum Land, schließlich einen bedrohten und bedrohlichen Ort (John Milton, *Paradise Lost*, 1667) symbolisieren.

Die Verse *Rule, Britannia! Britannia rule the waves!* des schottischen Bühnendichters James Thomson wurden vermutlich erstmals 1740 aufgeführt und verweisen auf eine viel ältere Tradition politischen Denkens mit dem Meer als Brücke zur Welt. Die nautische Metaphorik vom Staatsschiff sowie vom Staatsmann als Steuermann begründete das Bild einer Gemeinschaft, die sich gegen die Stürme des Weltgeschehens zusammenschloss. Fast zeitgleich setzten Staatstheoretiker wie Jean Bodin und Roger Bacon den Solidarisierungsappell an die Mitmenschen ein, im selben politischen Boot zu sitzen. Im allgemeinen Sprachgebrauch hatte sich das Schiff im 16. Jahrhundert als Emblem für Großbritannien etabliert. Dass eine überwiegende Mehrheit der bedeutenden Handelsstädte an der Küste bzw. mit direktem Meerzugang gegründet wurde und daher auf Stadtmauern verzichten konnte, unterstreicht die maritime Ausrichtung. Die Schiffsmetapher trat neben die weithin bekannten Bilder vom Reich als Haus oder als Körper.

Christentum und Handel

Unter Heinrich VIII. (1509–1547) besaß der Begriff Empire lediglich die Bedeutung, sich souverän vom Papsttum zu trennen. Elisabeth I. hatte sich dann öffentlich zwar für einen Frieden mit Spanien ausgesprochen, doch die Plünderungszüge, die Francis Drake während seiner Weltumseglung 1577–1580 unternahm, um spanische Handelsschiffe und -städte auszurauben, mehr oder weniger unterstützt. Die Anfänge der Expansion waren in erster Linie Piraten vorbehalten. Profitierte die Königin persönlich von geraubtem Gold und Silber, so war ihr Drakes protestantische Mission besonders wertvoll. Als die Armada 1588 besiegt wurde, erklärten die Zeitgenossen dies als ein göttliches Zeichen. Protestantismus und englische Seefahrt, persönliches «Heldentum» und staatlich geduldete Kriegslust hatten sich durchgesetzt.

Mit den Niederlanden, die sich von Spanien unabhängig gemacht hatten, war ein maritimer Handelsrivale entstanden. Luxusgüter wie Seide, leicht im Transport und nicht in Europa produziert, versprachen schnellen Profit, sofern sie sicher erworben und monopolistisch veräußert wurden. Bis ins Jahr 1598 hatte sich so die Hanse in London eine Enklave geschaffen. Spiegelbildlich taten es ihr die East India Company (EIC, gegründet am 31. Dezember 1600, seit 1693 Aktiengesellschaft) und die Verenigde Oost-Indische Compagnie (VOC, 1602 bis 1799) nach. Beide Handelsgesellschaften sicherten sich Monopole auf Güter ihrer Wahl, vornehmlich Gewürze, die sie nach Europa importierten. Beide ließen sich Garantien geben, sich mit eigenen Streitkräften bewaffnen zu dürfen. Strittige Rechtsangelegenheiten sollten sie aufgrund der weiten Distanz selber lösen.

Dass sich aus diesen Einrichtungen selbstständige Herrschaftsfaktoren entwickeln konnten, die sich heimatlicher Kontrolle leicht entzogen, war nicht abwegig. Bereits in den ersten 30 Jahren ihres Bestehens hatte die EIC das unermessliche Vermögen von nahezu drei Millionen Pfund erwirtschaftet. Ohne diese Mittel wäre es ihr nicht gelungen, 1612 die Portugiesen in der Seeschlacht von Suvali zu besiegen und 1651 die Insel St. Helena im südlichen Atlantik einzunehmen. Strategisch war dies wichtig, weil die Holländer Kapstadt (seit 1652) und damit die Kontrolle über den Seeweg nach Indien beanspruchten. Bis sie ihre Handelsniederlassung 1687 nach Bombay verlegte, bildete der Seehafen von Surat im Gujarat für die EIC den Zugang zum indischen Subkontinent.

Ein Unterschied zwischen den beiden Kompanien war von Anfang an die finanziell bessere Ausstattung der VOC. Die EIC konnte ihre Handelsstationen in Siam (Thailand) und Malaysia nicht halten, während ihre Konkurrenz sich auf Sumatra und Java niederließ. Außerdem besaß Amsterdam früher als London eine Börse. Bis in die Mitte des 18. Jahrhunderts stellte die EIC sich als eine traditionelle Handelsgesellschaft auf, die Englands prinzipiellen Zugang zum südostasiatischen Raum sicherte. Solange sie die von ihren anfänglich etwa einhundert Aktionären erwarteten Profite ausschüttete, erhielt sie vom Parlament die nötige politische Unterstützung. Zu dieser Zeit bewegte sie sich gewissermaßen noch im Schatten der politischen Aufmerksamkeit und ihr wichtigstes Ziel bestand darin, eine Alternative zu der 1592 gegründeten und den östlichen Mittelmeerraum kontrollierenden Levant Company zu schaffen. 1613 räumte ihr Jahangir, Herrscher des Mogulreiches, das Handelsrecht ein.

Territorial hatte sie dem Mogul-Empire mit seiner Machtstellung über zwei Drittel des nördlichen Indiens und dem einschüchternden Red Fort in Delhi nichts entgegenzusetzen. Erst in den 1640er Jahren wurde Madras erworben, 1662 kam Bombay neben der Hafenstadt Tanger sowie wichtigen Handelsprivilegien für Brasilien hinzu – eine Mitgift an den englischen König Karl II. anlässlich seiner Heirat mit der portugiesischen Prinzessin Katharina von Braganza. Wenn es eine geographische Schwerpunktbildung des frühen Empire gab, so befand sie sich in Amerika, während Indien noch nachrangig war.

In diesem Moment sollte der anglikanische Theologe und Geograph Richard Hakluyt (*Discourse Concerning Western Planting*, 1584) Recht behalten: Die Aufgabe der englischen Kolonialisten bestand ihm zufolge darin, die indigene Bevölkerung Amerikas zum Christentum zu bekehren und eigenständig für die Produktion exotischer Güter zu sorgen, um sich von deren Einfuhr über das spanische Kolonialreich unabhängig zu machen. Ehemals Kaplan des englischen Botschafters in Paris, hatte Hakluyt sich einen Namen durch die Darstellung *Principall Navigations, Voiages, and Discoveries of the English Nation* (1598–1600) gemacht. Darin schrieb er über die Expeditionen von Cabot, Hugh Willoughby und John Hawkins, dem ersten englischen Sklavenhändler in den 1560er Jahren, nach Guinea, über Humphrey Gilbert, über Drakes Kaperfahrten gegen spanische Schiffe im Pazifik 1570–1572, Martin Frobisher auf der Suche nach der Nordwestpassage, John Davis in der Arktis und andere. Hakluyt war damit zu einem ideologischen

Motor der Kolonialunternehmungen geworden, und er hatte überdies Berichte über französische und portugiesische Entdeckungsfahrten verfasst.

Nicht nur die Frobisher-Bucht nördlich von Québec erhielt in dieser Zeit ihren Namen, auch der nach Henry Hudson benannte Fluss und die Hudson Bay (1610), in der der Seefahrer nach der Meuterei seiner Mannschaft 1611 starb. Hudson hatte vier Seefahrten unternommen, um eine kürzere Verbindung nach China durch das Nordpolarmeer zu finden. Auch hatte er 1609 die Insel Manhattan und die Bucht von New York entdeckt. Für die 1670 gegründete, älteste Handelsgesellschaft Nordamerikas, die Karl II. mit Bergbau- und Handelsprivilegien (Pelze) ausstattete und der er den Rechtstitel auf das in ihren Einzugsbereich gehörende Land verlieh, war ebenfalls sein Name verwendet worden: die Hudson's Bay Company, die zu Beginn des 18. Jahrhunderts die einzige erfolgreiche, atlantische Handelsgesellschaft bleiben sollte. Die Entdeckungsreisen dieser Zeit führten entweder auf der Suche nach der Nordwestpassage zur Erschließung des Nordens Amerikas oder auf der Suche nach der Nordostpassage zur russischen Eroberung Sibiriens.

Irland war nicht uneinnehmbar, doch kaum für den Protestantismus zu gewinnen, weshalb sich für Walter Raleigh, der in der südirischen Provinz Munster trotz des stattlichen Besitzes von 16 000 Hektar Land vergeblich sein Glück gesucht hatte, in der «Neuen Welt» eine reiche Perspektive bot. Der vielleicht spektakulärste Soldat und Vertraute von Elisabeth I. hatte zwei Mal Guayana und das östliche Venezuela (1594, 1617) aufgesucht, weil er dort die legendäre Stadt des Goldes («El Dorado») vermutete. Statt das Gold zu finden, erfuhr er, dass die Spanier in ihrer Kolonie Trinidad Tabak und Zuckerrohr anbauten. Im Alltag bestätigte sich das romantische Bild des von Fernweh getriebenen Seefahrers allerdings selten. Stattdessen plagten ihn mangelhafte Ernährung, Typhus, monatelange Eintönigkeit auf See, starker Alkoholkonsum und schlechter, nicht selten sogar verweigerter Lohn.

Seefahrt und Siedlung

Im Unterschied zu den iberischen Kolonialreichen besaßen die Engländer keine im Atlantischen Ozean vorgelagerten Inseln wie die Azoren oder die Kanaren, die auf dem Weg in die Karibik als Stützpunkte genutzt werden konnten. Was ihnen hingegen zugutekam, war eine frühzeitig moderne Schiffsproduktion, wovon Küstenstädte wie King's Lynn und Bristol Zeugnis ablegten. Von hier aus stieß die Mehrzahl der Hochseeschiffe in See, hier kündeten Werften und Docks davon, dass die «Entdeckung» der fremden Welt zur Sache der Royal Navy geworden war. Für den Bau der Kriegsschiffe, die wie zum Beispiel das «Great Harry» 186 Kanonen an Bord hatten, wurden immense Mengen an Holz aus den Beständen des mittelalterlichen New Forest und Segeltuch benötigt.

Selten waren diese Schiffe länger als 20 bis 30 Jahre funktionstüchtig, aber ihre kontinuierliche Instandhaltung, die Ausbildung der Mannschaften, die logistische Infrastruktur zur Finanzierung und Verwaltung der Navy revolutionierten im 16. Jahrhundert die Seefahrt sowohl transatlantisch als auch auf den britischen Inseln. Denn seit der Niederschlagung der Rebellion der katholischen Grafen von Kildare im Jahr 1534 war auch Irland davon betroffen, zunehmend unter militärischer Kontrolle einer kleinen anglo-irischen Elite. Um Irland großräumig zu beherrschen, wurde Land an loyale Untertanen verteilt wie an bis zu 40 000 presbyterianische Schotten, die im nördlichen Ulster siedelten.

Raleighs erste Expedition fiel in die Zeit des Anglo-Spanischen Krieges (1585–1604). Im Auftrag der Krone hatte der Abenteurer sich vorgenommen, Territorien für die christliche Mission zu entdecken, doch jegliches koloniale Unternehmen fiel vorerst dem Versuch zum Opfer, eine Invasion Englands durch Philipp II. von Spanien abzuwehren. Auch Aktionen, die dem Handel mit Pfeffer oder Elfenbein und der Suche nach Gold an der afrikanischen Westküste dienten, forderten die spanische Übermacht heraus. Immerhin wurden bis zu 45 Schiffe bis zum Ende der Regierungszeit Elisabeths I. gebaut. In ihrem

Namen hatte Humphrey Gilbert 1583 Neufundland zu englischem Besitz erklärt, und 1585 wurde eine erste Siedlung auf der Insel Roanoke im heutigen North Carolina errichtet, die, weil sie so oft wieder aufgegeben werden musste, als «lost colony» bezeichnet wurde. Damit wurde sie auch Teil der nationalen Gründungslegende Amerikas. Gleichwohl wäre es ebenso möglich, dass die Siedler in die indigene Gesellschaft der Croatoan integriert wurden und sich assimilierten. Mit ihrer Idee, eine Kolonie namens Virginia zu gründen, drängten Kaufleute aus Plymouth Jakob I. 1607 dazu, eine Charter-Urkunde (einen königlichen Freibrief) für eine Kompanie zu bewilligen. Die nach ihm benannte Siedlung Jamestown in der Chesapeake Bay wurde der Sitz der Virginia Company. Was ihr fehlte, war koloniale Erfahrung.

Wie so häufig war auch dieser Anfang ein reines Zuschussgeschäft. Eine Mehrheit überlebte bereits die Überfahrt nicht, und wie viele tausende indigene Amerikaner im Kontakt mit den Europäern starben, lässt sich kaum ermessen. Vorteilhaft aber waren die große Entfernung der ersten Kolonien von den spanischen Einflussgebieten und die Tatsache, dass Berichte wie Thomas Harriots *A Brief and True Report of the New Found Land of Virginia* (1588) starke werbende Wirkung ausübten. So wurden rasch Québec (1608), Santa Fe in Neumexiko (1609), Batavia auf Java (1618), New Amsterdam (1624) und Montreal (1642) gegründet.

Wenn die Gruppe der non-konformistischen «Pilgerväter», die im September 1620 auf der «Mayflower» über den Atlantik segelte und die Plymouth Plantation schuf, der Nachwelt am besten in Erinnerung geblieben ist, so liegt das an ihrer eigentümlichen Geschichte. In London waren auf ihr Betreiben hin Theateraufführungen bis 1660 verboten. Sie waren zunächst in die Niederlande ausgewandert und als Puritaner davon überzeugt, von Gott auserwählt worden zu sein und das Land an der amerikanischen Küste rechtens zu besitzen und zu bestellen. In Plymouth und im 1630 gegründeten Boston waren die Auswanderer in erster Linie religiös motiviert. Sie wurden aufgrund ihrer Opposition zur anglikanischen Staatskirche verfolgt, die in ihren Augen die Anliegen der englischen Reformation nicht konsequent genug durchführte und sich dem römischen Katholizismus wieder annäherte. Die «Pilgerväter» verkörperten eine neue Gemeinde, die sich der gottgefälligen Bewahrung einer gereinigten Kirche verschrieb und dies durchaus mit materiellem Gewinnstreben vereinbaren konnte. Aber weil ihnen die rechtliche Basis einer königlichen Charter fehlte, schufen sie eine eigene politische Kultur. 1691 wurden sie in die Kolonie von Massachusetts integriert.

Englische Kolonisierung

Francis Bacon, seinerzeit der einflussreichste englische Philosoph und Wissenschaftler, veröffentlichte 1625 seine Essays, darunter *Of Plantations*, eine Handlungsanweisung zur Kolonisierung. Dass Virginia und die anderen Siedlungen trotz vieler Widrigkeiten fortbestanden, war *erstens* ihrer allmählich entstehenden Verfassung zu verdanken. Es gab jeweils einen Gouverneur, einen Rat und eine legislative Versammlung, gleichsam das Gegenbild zum englischen König, zum Privy Council und zum Parlament und damit das Urmodell kolonialer Verwaltung im Empire. *Zweitens* hatte Karl I. 1625 einige der Kolonien unter direkte königliche Aufsicht gestellt, was diesen zwar weder finanzielle noch militärische Unterstützung zusicherte, ihnen jedoch Legitimation verschaffte, solange das Königtum in England solche genoss. Die Monarchie verfügte dadurch über eine Einnahmequelle, ohne sich vor dem Parlament erklären zu müssen. Die Siedler waren Untertanen der Krone und mussten sich an englisches Recht halten. *Drittens* hatte sich der Anbau von Tabak gewinnbringend entwickelt. Auf den britischen Inseln war er verboten, ein Monopol jenseits des Atlantiks aber konnte für Einfuhrsteuern auf eine Luxusware sorgen.

Doch die Krone konnte nicht alle Kolonien kontrollieren. In Virginia ergriffen die Besitzer der großen Tabakplantagen die politischen Ämter. In New Hampshire und New Haven, Maine, Rhode Island und Connecticut war es der fortwährende Strom neuer Siedler, der zur verstärkten Emanzipation beitrug. Die

Gemeinden schrieben sich religiöse Toleranz auf ihre Fahnen. In der Praxis hatte dies eine große Mannigfaltigkeit zur Folge: vom spätmittelalterlich-feudalen System in Maryland und dem Spiegelbild einer elisabethanischen Ablehnung dogmatischer Auseinandersetzungen im Religiösen, wie es in Virginia gepflegt wurde, bis zur puritanisch-moralischen Ernsthaftigkeit Neuenglands. Trotz dieser Unterschiede waren die Gemeinsamkeiten der nordamerikanischen Kolonien groß. Schon Zeitgenossen verglichen sie in der Unverbindlichkeit und ihrem Fehlen an politischer Verpflichtung mit den Koloniegründungen der griechischen Antike, während die spanische Herrschaft über weite Territorien an das römische Weltreich erinnerte.

Die erste Karibikinsel, die die Engländer erfolgreich für sich erklärten, war 1623 St. Christopher (das heutige St. Kitts), die sie sich zuerst mit den Franzosen teilten und seit 1713 allein verwalteten. Weil das 1627 eingenommene Barbados am äußersten östlichen Rand der Inselkette liegt, blieben ihm die Kämpfe zwischen den europäischen Mächten der folgenden 200 Jahre erspart. Auch Dänen und Niederländer waren daran beteiligt. Tabak und Baumwolle hatten sich mittlerweile als so lukrativ erwiesen, dass es gelang, immer mehr Auswanderer vor allem aus dem Süden Irlands und Schottlands in die Karibik und auch nach Virginia zu locken. Weitere Beweggründe für die Emigration bildeten die kleine Eiszeit in Europa, von der Schottland besonders betroffen war, und scharfe religiöse Spannungen.

Allein im Jahr 1635 verließen fast 5000 junge Männer den Hafen von London. Drei Jahre zuvor war die für katholische Iren attraktive Kolonie Maryland durch Lord Baltimore gegründet worden. Insgesamt schätzt man die Zahl der englischen Auswanderer nach Amerika im 17. Jahrhundert auf nicht weniger als 300000, diejenige der Iren auf 40000. Überwiegend verarmt, gingen sie zwar freiwillig, aber gehorchten der Not. Dass der Fluss nicht abbrach, war von großer Bedeutung. Gerade über südirische Küstenstädte wie Cork drängten viele nach Übersee, um der englischen Besiedlung im Westen und der schottischen im Norden der Insel zu entkommen. Wurden ihnen die üblichen sechs Pfund Sterling für die Überfahrt bezahlt, was einem Jahreslohn entsprach, so verpflichteten sie sich für bis zu sieben Jahre, in der Landwirtschaft zu arbeiten, und zwar in der Erwartung, später eigenes Land erwerben zu können. Diese Frühform von Arbeitsverpflichtung bzw. Zwangsarbeit funktionierte so lange, wie das Produkt seinen Absatz fand und fortwährend Land erschlossen werden konnte. Im Unterschied zu den staatlichen Siedlungsprogrammen der Franzosen bildete im englischen Modell die Privatinitiative die treibende Kraft.

Der atlantische Raum

Der Englische Bürgerkrieg unterbrach den Kolonialhandel jäh. Weil er die gesamten britischen Inseln erfasste, war es ausgeschlossen, dass sich Monarch und Parlament mit kolonialen Belangen vorrangig beschäftigen konnten. Nachdem das Parlament die Navy unter seine Kontrolle gebracht hatte, ließ es den Eigendynamiken der Expansion freien Lauf. Die Schrecken des Bürgerkriegs brachten politisches Chaos und eine Militärherrschaft in London (Cromwell als Lordprotektor 1653–1658), und ebenso wirkten sie auf die Nachbarinsel Irland. Der Anti-Katholizismus als Programm einer evangelikalen Zivilisierungsmission hat hier einen seiner Ursprünge. Er radikalisierte sich zu einem religiösen Fanatismus, der das protestantische England als von Gott auserwählt begriff. Cromwell knüpfte unmittelbar an das anti-katholische, anti-spanische Grundgefühl aus der Zeit Elisabeths I. an, statt es mit dem Gegner aufzunehmen, der sich in der Zwischenzeit als neue stärkste Macht Europas positioniert hatte: Frankreich. 1655 eroberten Cromwells Matrosen das von Spanien 1509 in Besitz genommene Jamaika, nunmehr die größte Insel des Empire in der Karibik. Als erster Gouverneur wurde Thomas Modyford installiert, dem der Ruf vorauseilte, besondere Sympathien für Piraten zu hegen. Auch das war nicht untypisch.

Gleichzeitig drängten Handelsinteressen aus Amsterdam erfolglos dazu, sich dauerhaft das Zuckerzentrum Pernambuco im portugiesischen Brasilien einzuverleiben (1630–1654). Erfolgreich waren sie aber darin, die Plantagenwirtschaft der Engländer von Tabak auf Zucker umzustellen. Die Umorientierung auf den wegen der bergigen Topographie äußerst mühsamen Zuckerrohranbau betraf bis in die frühen 1660er Jahre sämtliche karibischen Inseln, und sie läutete die Geburtsstunde der Sklaverei mit ihren globalen Folgen ein. Indem sich die Kolonien zu Produzenten von Exportwaren entwickelten, wurden sie zugleich zu Importeuren afrikanischer Sklaven. Streng genommen hatte der Transport gefangener Afrikaner nach Kuba bereits 1505 eingesetzt, aber im großen Stil nahm er erst 150 Jahre später Fahrt auf. Ab 1641 trafen auf Barbados die ersten Sklaventransporte aus Afrika ein. Diese Zustände klagte die in Surinam aufgewachsene Schriftstellerin Aphra Behn offen an (*Oroonoko, or, The Royal Slave*, 1688).

Wer in diesen Jahren als Strafgefangener hierhin kam, hatte im Bürgerkrieg der royalistischen Fraktion angehört und darauf spekulieren dürfen, eines Tages freizukommen. Doch das war eine verschwindende Minderheit verglichen mit der Zahl eingeschleppter Sklaven. Zu diesem Zweck sicherte sich das Empire Stützpunkte entlang der westafrikanischen Küste im heutigen Ghana (Cape Coast Castle 1637) und 1672 wurde die Royal Africa Company gegründet, um Sklaven und Gold gegen Waffen, Alkohol und Stoffe zu handeln. Die Kosten für den begehrten Landbesitz auf der anderen Seite des Atlantiks schnellten in kurzer Zeit in die Höhe, so dass eine Zuckerrohrplantage durchschnittlich den zehnfachen Wert einer vergleichbar großen Tabakplantage erzielte. Ein weiteres Ergebnis war das Goldmonopol der Company, das den Schritt Großbritanniens zum Goldstandard einleitete.

Unter den Insel-Kolonien, die bis zum Ende des Siebenjährigen Krieges gegründet wurden, waren ökonomisch und strategisch betrachtet weniger wichtige wie Bermuda (1609), die Bahamas (1629) und die kleinen Virgin Islands sowie Dominica, Grenada, St. Vincent und Tobago, aber auch die höchst erfolgreichen Plantagenkolonien von Barbados (1627) und Jamaika, das um 1670 bereits über 57 Plantagen verfügte – und hundert Jahre später über tausend. Diese Plantagen generierten einen beispiellosen Wohlstand, der sich zum Beispiel in den großen

Landhäusern Englands und den Stadtpalästen Londons niederschlug und der die Siedler und Händler in den Kolonien ebenso mit einschloss wie die Kaufleute in den Metropolen und die Sklavenhändler in Afrika.

Die frühneuzeitliche Expansion hatte eine zunehmend verflochtene transatlantische Welt geschaffen. Bis in die 1660er Jahre warfen die karibischen Inseln und allen voran Barbados mit Rum, Tabak und Kaffee deutlich mehr ökonomischen Gewinn ab als die nordamerikanischen Kolonien. Klar prosperierten nun die englischen, niederländischen und französischen Kolonialreiche – auf Kosten Spaniens, das lediglich Kuba für sich halten konnte –, die Guayana unter sich aufteilten. Parallel dazu waren berüchtigte englische Piraten wie Henry Morgan und Edward Teach (Blackbeard) omnipräsent.

Allmählich hatte sich ein gigantischer Transferraum von Migration gebildet. Die noch weit höhere Zahl der afrikanischen Versklavten (etwa 70 Prozent der gesamten Migration zwischen 1600 und 1800) war Teil dieses transatlantischen Arbeitskräftewechsels. Ein typischer englischer Migrant dieser Zeit war männlich mit einem hohen Heiratsalter und geringer Lebenserwartung. Ohne dass es dem Ausmaß an Gewalt vergleichbar gewesen wäre, die verschleppten afrikanischen Sklaven angetan wurde, war er gleichwohl ständigen Gefahren ausgesetzt: 75 Prozent der europäischen Migranten waren Zwangsarbeiter. Für 68 Prozent aller Migranten, die den Atlantik zu dieser Zeit überquerten, waren die karibischen Inseln das Ziel. Hatten sie es erreicht, so trugen sie dort zur Formierung von Gesellschaften bei, die ausgeprägt männlich waren, verbunden mit hoher Sterblichkeits- und niedriger Reproduktionsrate. Ob sich diese Verhältnisse dazu eigneten, die Freiheitsvorstellungen aus England umzusetzen, ist fraglich.

Wahrscheinlicher ist eher, dass das England des 17. Jahrhunderts eine in hohem Maße exkludierende Gesellschaft war, die sich jenseits des Atlantiks spiegelte. Zur gleichen Zeit legte die Londoner Metropole großen Wert auf den absoluten Gehorsam ihrer jungen Kolonien gegenüber der königlichen bzw., während der Herrschaft Cromwells, der republikanischen Prärogative.

Sollte den Kolonien eine beschränkt legislative Autorität zugestanden werden, war dies als ein Zeichen metropolitaner Gnade zu verstehen. Die Kolonisten argumentierten umgekehrt, sie hätten als freie Engländer ihre Heimat verlassen («liberty of the free-born Englishman»), nicht um ihre Freiheit zu verlieren, sondern sie als Idee zu verbreiten. Im Kern war damit eine Auseinandersetzung angelegt, die konstitutiv für das Spannungsverhältnis zwischen kolonialen Gesellschaften und der Kolonialmacht wurde.

Folgen

Die Folgen waren vielfältig. In Afrika führte der transatlantische Sklavenhandel zu tiefgreifenden demographischen Einbrüchen, und in Amerika rief die Ankunft der Europäer auch durch die eingeschleppten Epidemien (Pocken, Pest, Typhus, Malaria, Skorbut, Gelbfieber) ein Massensterben der indigenen Bevölkerung hervor. Dadurch zerstörten die Siedlungskolonien zum einen die amerikanischen Ethnien, während sie zum anderen neue, auf Versklavung und Ausbeutung der vorhandenen Ressourcen angewiesene Gesellschaftssysteme schufen. Weil auf Jamaika mehr britische Siedler am Gelbfieber starben als Sklaven, dauerte es länger als in den meisten anderen Kolonien, bis eine dort geborene Siedlergesellschaft entstand. Auch die Ökosysteme wurden durch die Plantagenwirtschaft, etwa den Baumwollanbau in Virginia, und den interkontinentalen Pflanzenaustausch nachhaltig umgestaltet. Das wirkte sich auf veränderte Ernährungsweisen (Zucker, Reis, Kaffee, Kakao, Rum, Mais, Kartoffeln), das Konsumverhalten und neue Formen der geselligen Öffentlichkeit aus, wie zum Beispiel in den zunehmend beliebter werdenden Kaffeehäusern. Ein erstes Kaffeehaus entstand in London bereits 1652.

Seit dem frühen 18. Jahrhundert löste London (Bank of England, 1694 als private Aktienbank gegründet) Amsterdam als weltweit wichtigstes Finanzzentrum ab. Spürbar begannen sich nun die Dynamiken des Empire zu entfalten. Zwar war das spanische Kolonialreich nach wie vor Europas größtes, aber es hatte sich von dem unter Philipp II. erreichten Stand aus nicht weiterentwickelt; auch das portugiesische war nicht weiter gewachsen. Das Handelsimperium der Niederländer war auf Stützpunkt-, nicht Territorialkolonien ausgerichtet, und das französische Kolonialreich unter dem Sonnenkönig Ludwig XIV. war im Vergleich zum britischen so reich, dass es sich leisten konnte, die Expansion aktiv zu finanzieren.

Neuengland 1656

Wer in den 1650er Jahren in die «Neue Welt» auswanderte, brachte Erwartungen an neue politische und religiöse Freiheiten und ökonomische Möglichkeiten mit. Am gewohnten Speiseplan sollte demgegenüber zunächst festgehalten werden. Das war allerdings nicht einfach, weil der mitgebrachte Weizen in Neuengland nicht anwuchs und ihm die strengen Winter zu schaffen machten. Alternativen boten sich mit dem widerstandsfähigeren Mais an. Dessen Kultivierung lernten die englischen Siedler von der amerikanischen Bevölkerung, bevor diese weitestgehend verdrängt wurde. Der zeitgleichen Besiedlung Irlands vergleichbar, begriffen die Siedler ihr Vorgehen als gottgewollt, Land fruchtbar zu machen und zu bestellen. Der Freisasse («yeoman») galt als Vorbild für den unabhängigen und respektablen Kolonisten, der James Harringtons Utopie des Commonwealth (*The Commonwealth of Oceana*, 1656) realisierte. Eroberter Landbesitz war neben der Gründung von Städten dafür essentiell.

Für die Selbstwahrnehmung in einer neuen Welt spielte der Kulturtransfer von Weizen auf Mais keine geringe Rolle. Anfänglich behandelt als ein ausschließlich den Tieren vorbehaltenes Nahrungsmittel, rückte Mais schnell in der Speisenhierarchie nach oben und konnte zu Brot und Kuchen verarbeitet werden. Ein autark bewirtschafteter Bauernhof in Neuengland wurde zum Inbegriff dessen, was die Amerikanische Revolution als ihren republikanischen Kernbestand zu verteidigen glaubte. Weil eine Farm über den Fisch- und Vieh-, den Holz- und den Kornhandel mit den karibischen Inseln funktionierte, im Gegenzug Zucker und Rum erwarb und so das System der Sklavenarbeit stützte, wurde das koloniale Netz immer engmaschiger geknüpft. Die Ernährung in Neuengland, zu der regelmäßig Milchprodukte gehörten, galt als ausgewogener und gesünder als die der Zeitgenossen auf den britischen Inseln. Die Felder für die Viehherden wurden gewöhnlich nicht eingezäunt. Auch auf diese Weise vergrößerten sich die Territorien beständig und der englische Anspruch auf amerikanisches Land verstetigte sich.

3. Restauration in England und Revolution in Amerika, 1660–1776

Bis zur Mitte des 17. Jahrhunderts waren der Ausbau der Kriegsmarine beschleunigt und die Handelsrivalität mit Holland im Ersten Seekrieg 1652–1654 erfolgreich entschieden worden. In einer Pentarchie der europäischen Kolonialmächte inklusive des Osmanischen Reichs wurden der atlantische und der ostasiatische Raum zunehmend monopolisiert aufgeteilt. Die Weltmeere wurden wegen der transnationalen Verflechtung dieser Interessen zu Austragungsorten europäischer Konflikte. Im Pfälzischen Erbfolgekrieg (1688–1697) kämpften britische Einheiten gegen französische auch in Nordamerika, wo er King William's War genannt wurde.

Etappen der Ausdehnung

Auf den britischen Inseln mündete die erzwungene Vereinheitlichung 1707 in der Union Englands mit Schottland zum Vereinigten Königreich. Erst die Union erlaubte den Zucker- und Tabakhändlern Glasgows den Zugang zum Markt des Empire, nachdem die Company of Scotland mit ihrem einzigen eigenen kolonialen Unternehmen in Darién 1700 gescheitert war und Schottland an den Rand des finanziellen Ruins geführt hatte. So erfolgreich die Besiedlung Neuenglands war und so ertragreich die Erschließung der karibischen Inseln, so fragmentarisch blieb vorerst die Expansion in Asien, ganz zu schweigen vom für andere europäische Kolonialmächte attraktiven Nordwesten Afrikas. Dagegen vereinnahmte der niederländische Handelskapitalismus Surinam mit seinen ertragreichen Zuckerrohrplantagen und Buren besiedelten Südafrika (seit 1660).

Auf die Jahre der Republik (1649–1660) folgten von der Restauration und der Glorreichen Revolution 1688 bis zur Anerkennung der Unabhängigkeit der amerikanischen Kolonien im Frieden von Paris (1783) zahlreiche internationale Konflikte. Noch unter der wiederhergestellten Stuart-Herrschaft waren darunter zwei weitere Seekriege gegen Holland (1664–1667, 1672–1674), die dank ihres Erfolgs von inneren Katastrophen wie der Pestepidemie und dem großen Feuer von London 1665/66 ablenken konnten. In erster Linie Handels- und Kolonialkriege, waren es auch Auseinandersetzungen über die wahre politische Form des Protestantismus, republikanisch oder royalistisch. Der französisch-englische Krieg 1687–1690 wurde um Handelsniederlassungen in Indien ausgefochten. Für das kurze 18. Jahrhundert waren der Spanische Erbfolgekrieg (1701–1713/14), der See- und Kolonialkrieg gegen Frankreich (1744–1748), der Siebenjährige Krieg (1756–1763), mit dem Großbritannien seine Position in Indien endgültig ausbaute, und der Amerikanische Unabhängigkeitskrieg (1775–1783) von ausschlaggebender Bedeutung. In gleicher Weise, wie die Royal Navy global agierte und zum größten Kostenfaktor des Empire wurde, machte sie ihren Anspruch auf die Kontrolle über die Irische See und Hochburgen wie Cork geltend, denn französische und spanische Invasionspläne für Irland gab es zahlreiche.

An der Methode, sich strategisch wichtige Stützpunkte zu sichern, änderte sich in den nächsten Jahrzehnten nichts. Darunter waren Städte, Küsten und Inseln. Im Zuge des zweiten Kriegs gegen Holland wurde New Amsterdam 1664 erobert und nach James, Bruder von Karl II. und Duke of York, umbenannt. Den Penns und den Baltimores vergleichbar, besaß der Herzog ein persönliches Interesse an Kolonialangelegenheiten. Er konnte nun New York sein Eigen nennen und war Gouverneur der

Hudson's Bay Company und der Royal Africa Company. Für koloniale Gesellschaften charakteristisch war das Entstehen einer städtischen Elite. Von London trennte sie mehrere Wochen Seereise, was sie nicht isolierter machte als die meisten Kleinstädte der englischen Provinz. Die erste reguläre Zeitung (*Boston News-Letter*) erschien seit dem 24. April 1704. Sie berichtete vornehmlich über Londoner Ereignisse und wurde im März 1776 eingestellt. Universitäten entstanden, so in Yale 1701 und in Princeton 1746, und die American Philosophical Society wurde 1727 in Philadelphia gegründet.

Auch Kalkutta trat auf Betreiben der East India Company 1691 hinzu, von wo aus über 40 Prozent der Exporte, überwiegend Textilien, über die Bucht von Bengalen abgewickelt wurden. 1704 übernahm Gibraltar eine zentrale Kontrollfunktion über das westliche Mittelmeer. 1708 wurde Menorca erworben, 1756 verloren, 1763 wiedererlangt, 1783 erneut verloren, um schließlich 1798 bis 1802 nochmals kurzzeitig besetzt zu werden. Die Kolonisierung Australiens setzte von New South Wales aus ab 1788 ein. 1795–1814 wurde die Kapkolonie den Niederländern abgerungen.

Der Ausbau großflächiger Territorialherrschaften von der Gründung North Carolinas (1689) und der Quäkerkolonie Pennsylvanias (1681) bis zur Eroberung des östlichen, französisch dominierten Kanada (1760; 1763 als Québec; 1791 in Upper und Lower Canada geteilt) und der Sicherung der britischen Position in Bengalen (1757) fügte sich kontinuierlich ein. William Penn, Sohn desjenigen Admirals, der Jamaika erobert hatte, wollte eine Eigentümerkolonie auf den Prinzipien religiöser Toleranz, friedlicher Koexistenz und des käuflichen Landerwerbs schaffen. Auf die Immigranten übte dies eine besondere Anziehungskraft aus und bald gehörte Philadelphia zu den größten Städten des Empire. Die östliche Hälfte des nördlichen Amerika, von der Hudson Bay bis zum Golf von Mexiko, sicherten sich die Briten fast durchgehend. In Honduras hatten sie schon 1639 Fuß gefasst. In Indien hatte die East India Company das Recht erworben, zusätzlich über die Provinzen Bihar und Orissa Steuern einzutreiben. Aber lässt sich aus diesen bruchstückhaften Etappen eine gezielte Kolonisationspolitik ableiten?

Institutionen und Faktoren

Institutionen wie das 1696 geschaffene (und 1782 wieder aufgelöste), wie ein Kolonialamt fungierende Handelsministerium (Board of Trade) trugen ihren Teil dazu bei, die zunehmend aufwendiger werdende Administration des Handels vor allem mit den amerikanischen Kolonien zu bündeln. Bis die englischen Südseespekulationen im Sommer 1720 sensationell platzten (South-Sea-Bubble), hatte die neun Jahre zuvor gegründete und staatlich privilegierte Südseekompanie diese Region kontrolliert. Eine politische Verankerung auf dem europäischen Kontinent war mit der durch die Thronbesteigung Georgs I. 1714 geschaffenen Personalunion mit Hannover (bis 1837) erreicht; die wirtschaftliche Stabilisierung für die Kolonien und für die Handelsgesellschaften konnte indessen nicht einkalkuliert werden. Der vormodernen kolonialen Expansion lag insofern keine langfristige Strategie zugrunde. Sie wäre weder zu konzipieren noch zu realisieren gewesen.

Dafür verselbstständigte sich die Kolonisierung auch jenseits des formellen Kolonialbesitzes über informelle, kommerzielle Einflussnahme beispielsweise von Handelshäusern. Dies lässt sich an den genannten Kriegen ablesen, die zu den großen Motoren von Transformationen zählen und nicht selten wegen des Handels geführt wurden. Insbesondere Sklavenhandel und Migration bildeten grundlegende Konstanten für das junge Empire. Andere entwickelten sich erst mit der Zeit, etwa eine sich formierende britische Identität, durch die mit dem englisch-schottischen verfassungsmäßigen Zusammenschluss und den Leitbegriffen von Protestantismus, politischer Freiheit und Wohlstandswachstum die innere Festigung des Staatswesens mit dessen äußerer Ausdehnung verknüpft werden konnte. Häufig synonym verwendet, waren «britisch» und «englisch» durchaus zu unterscheiden. Und wenn dies nicht möglich war, bot sich die königliche Bezeichnung an wie im Falle der 1660 ins Leben gerufenen, unter Isaac Newton führenden naturwissenschaftlichen Akademie, der Royal Society, oder des 1675 gegründeten Royal Observatory Greenwich – maßgebend für die Festlegung der Meridiane, die Verwissenschaftlichung der Seefahrt und als Zentrum astronomischer und nautischer Referenz.

Bis Mitte des 18. Jahrhunderts entwickelte sich die britische Hauptstadt zum größten europäischen Umschlaghafen, damit wuchs auch ihre Bedeutung als größter Finanzplatz sowie als Ort, an dem fast sämtliche Waren der Welt verkauft werden konnten. Der Fernhandel, ein drastischer Abbau der alten Zunftschranken, eine im Vergleich zu den staatlichen Interventionspolitiken der kontinentaleuropäischen Territorien deutlich liberalere Beschäftigungspolitik, Massenkonsum und die Rationalisierung der Agrarwirtschaft taten ihr Übriges. Sie sorgten für stabile Produktionsbedingungen und schufen die Voraussetzungen für die im Unterschied zu Mitteleuropa viel früher einsetzende Industrielle Revolution: Internationalisierung und schonungslose Kommerzialisierung der Märkte, Industrialisierung der Produktion (Baumwollspinnmaschine und Dampfmaschine, 1769), Liberalisierung der Marktwirtschaft. Keine Metropole Europas profitierte von der Bündelung dieser Faktoren so wie London, dessen Stadtgebiet vom frühen 17. bis in das erste Drittel des 18. Jahrhunderts um das Zwölffache anwuchs. Die Stadt hatte nun fast 150 Pfarreien und ihre Einwohnerzahl, um 1700 noch bei ungefähr 400 000, hatte sich bis zum Ende des Jahrhunderts auf über 900 000 mehr als verdoppelt.

Handelsstaat England

Für den aus Chesapeake importierten Tabak nahm Liverpool als Zwischenstation eine wichtige Rolle ein. Allein zwischen 1688 und 1712 steigerte sich die Einfuhr von Tabak auf nahezu drei Millionen Pfund. Mit Hilfe des Parlaments, das seit 1651 eine Reihe von Navigation Acts verabschiedete, die den Export von Kolonialwaren in fremde Märkte unter Strafe stellten, emanzipierte sich der transatlantische Handel von den holländischen Zwischenhändlern, auf die er bisher angewiesen war.

Die protektionistischen Zollgesetze garantierten Großbritannien das Importmonopol auf alle tropischen Luxusgüter und deren weltweiten Weiterverkauf. Den Kolonien garantierten sie ihrerseits einen sicheren Absatzmarkt. Dieses merkantile «Old Colonial System» funktionierte ausschließlich zwischen der «Metropole» und den Kolonien, die zumeist noch «plantations» hießen, aber nicht zwischen den Kolonien. Außerdem sollte es ein großes Schiffbauprogramm zur Folge haben; in Schottland nahm dafür nun Glasgow die führende Rolle ein, im Norden Amerikas war es Boston, und die ersten auf Jamaika gebauten Schiffe segelten bereits 1660 in Richtung London.

Neben Zucker, Tabak und Baumwolle hatten sie Kakao an Bord, der als heißes, nicht bitteres Getränk besonders beliebt wurde, sowie Rum, von dem am Vorabend der amerikanischen Unabhängigkeit in Großbritannien bereits über zehn Millionen Liter pro Jahr konsumiert wurden. Parallel dazu setzte der Teehandel ein. Seit 1717 richtete die East India Company einen regelmäßigen Verkehr zwischen China und Europa ein, wohin sie um 1750 über 37 Millionen Pfund Tee exportierte. Hohe Steuern machten ihn sowohl zur begehrten Schmuggelware als auch bis in das frühe 19. Jahrhundert zu einem erlesenen Gut. Importmonopole sicherte sich die Assam Company, Teeauktionen wurden in Kalkutta ins Leben gerufen, und kleinere Anbaugebiete in Mauritius, Fidschi und Natal bereiteten den Giganten in Bengalen und China Konkurrenz.

Andere exquisite Produkte waren Seide und Porzellan, während die EIC damit begann, Opium nach China einzuführen. Das alles war geleitet von der Grundidee, die Expansion müsse Gewinne erwirtschaften, um die Kosten der Verteidigung der Kolonien gegen die europäischen Konkurrenten zu decken. Keine Rede war von ihrer Verteidigung in regionalen Konflikten mit der indigenen Bevölkerung, wofür die Kolonisten selbst verantwortlich waren. In welchem Maße die Londoner Metropole den Markt bestimmte, lässt sich an den Exportbeschränkungen für Vieh, Wolle und Leinen aus Irland feststellen. Im Zeichen der anti-katholischen Strafgesetze in Irland («Penal Laws») waren wirtschaftliche und politische Interessen miteinander verflochten.

Je stärker sich der Handel im Zuge der Glorreichen Revolution von der Krone emanzipieren und mit den nationalökonomischen Interessen des Parlaments assoziieren konnte, desto stärker rückte der individuelle, sich selbst überlassene Handeltreibende in den Mittelpunkt des Geschehens. Geprägt von der Philosophie des Merkantilismus, verfolgte er eine Politik des persönlichen Profits, eingehüllt in den patriotischen Mantel der imperialen Nation. Solange aber ehrgeizige Freibeuter und Glücksritter die Meere beherrschten und unter britischer Duldung spanische und niederländische Handelsschiffe kaperten, konnte von einer Sicherheit der Seewege keine Rede sein. Das Handelsministerium und die Bank of England gewährleisteten die finanzielle und politische Infrastruktur, indem sie Kredite für den Erwerb von kolonisiertem Land zur Verfügung stellten und damit die Finanzrevolution der atlantischen Wirtschaft begründeten. Dennoch war Handelsschutz alles andere als garantiert. Wer in England zu Wohlstand gekommen war und keine Risiken eingehen wollte, vermied deshalb die Kolonien. In ihrer Gründungszeit bargen Siedlungskolonien und Handelsgesellschaften viele Unwägbarkeiten. Gouverneure, die grundsätzlich Offiziere waren, galten eher als Abenteurer; man rekrutierte sie noch nicht unter den etablierten Eliten der Kolonien. Erst im Laufe des 18. Jahrhunderts wurde es üblicher, dass Vertreter des englischen Adels für diese Positionen ausgewählt wurden.

Sklaverei

Die Geschichte der Unfreiheit als wesenhafter Teil der Geschichte des Empire bildete sich nirgends so sehr ab wie in der Sklaverei, auch als Resonanz von Rassismus und Menschenverachtung, Sadismus und mörderischer Ausbeutung. Als die Briten 1713 über den «Asiento»-Vertrag einen Zugang zu den spanischen Kolonien Südamerikas erlangten, um dorthin Sklaven aus Westafrika zu verkaufen, gelang ihnen ein entscheidender Durchbruch in diesem lukrativen Markt. Dafür waren die Royal Africa Company und die South Sea Company entscheidend verantwortlich, die jährlich etwa 6000 Sklaven im Verkaufswert von mindestens 90000 Pfund veräußern mussten, um rentabel zu bleiben. Den größten Anteil aber verkauften die britischen Sklavenhändler in die karibischen Kolonien, hierin den Franzosen ebenbürtig. Auf die Zeitspanne zwischen dem späten 17. Jahrhundert und dem Amerikanischen Unabhängigkeitskrieg berechnet, ergibt sich eine ungefähre Zahl von 3,4 Millionen Menschen, die allein von britischen Zwischenhändlern auf den berüchtigten Sklavenschiffen transportiert wurden; insgesamt rechnet man mit circa 12 Millionen Menschen im transatlantischen Sklavenhandel. Jedes Einzelschicksal kann von der immensen physischen und psychischen Gewalt erzählen, so zum Beispiel der Sklave Olaudah Equiano in seiner Autobiographie *The interesting narrative* (1789).

Nur in etwa lässt sich schätzen, wie viele der Sklaven die gefährliche Überfahrt überlebten. Die Zahl derer, die an Pocken und Cholera starben, war extrem hoch, wenngleich niedriger als die der Europäer. Kritikern des Sklavenhandels begegneten dessen Vertreter mit der gewinnbringenden Seite dieses Geschäfts, wovon Hafenstädte wie Poole, Plymouth, Dartmouth und seit etwa 1750 bevorzugt Liverpool massiv profitierten. In Bristol wirkte der Kaufmann Edward Colston, Aktionär der Royal Africa Company, der mit dem Sklavenhandel einen immensen Reichtum erwirtschaftete, den er teils in philanthropische Projekte wie Armenhäuser und Hospitäler investierte. Dem berühmtesten Sohn der Stadt wurden Straßen und seit 1720 auch ein öffentlicher Feiertag gewidmet, doch exakt 300 Jahre später, im Juni 2020, stürzten ihre Bürger seine Bronzestatue aus Protest gegen die beharrliche Diskriminierung und gegen Rassismus ins Hafenbecken – symbolisch für etwa ein Viertel der Sklaven, die beim transatlantischen Transport umkamen und deren mit den Initialen der Company gebrandmarkte Leichen über Bord geworfen wurden. Sklaverei und Wohltätigkeit, ein unvereinbares Paar.

Vom heutigen Senegal südwärts über Sierra Leone, Ghana und Nigeria bis nach Angola erstreckte sich die «Sklavenküste». Dort und in Gambia waren unzählige Transferstationen errichtet worden, wo die aus dem Hinterland verschleppten Sklaven auf die Schiffe Richtung Jamaika und Barbados gebracht wurden. Ohne die Kooperation mit indigenen afrikanischen Eliten wäre dies nicht möglich gewesen, weil die Briten nicht über die Möglichkeiten verfügten, in die lokalen Verhältnisse einzudringen. Sklave zu werden und zu bleiben, dem ging eine soziale Systematisierung und Klassifizierung voraus, die sich perpetuierte. So sollten Sklaven zum Beispiel nicht von den ersten Pockenimpfungen (seit 1717 durch Mary Wortley Montagu) profitieren. In seinem Roman *Moll Flanders* (1722) beschrieb Daniel Defoe, wie die Prostitution unter den Seeleuten blühte und wie die Gefahren an Bord das Idealbild des Empire als physisch unversehrt herausforderten.

Auf einem einzelnen Sklavenschiff wurden bis zu 600 Menschen unter unwürdigsten Bedingungen transportiert, angekettet und nur mit dem Notwendigsten versorgt. Für die Händler ergab sich pro Fahrt ein Profit von nicht weniger als 1500 Pfund. Auch auf den großen Plantagenkolonien an der atlantischen Küste von South Carolina und Georgia (gegründet 1732) trafen allein bis 1763 über 300 000 Sklaven aus Afrika ein. Dass im letzten Drittel des 18. Jahrhunderts die Zahlen sanken, lag an der immer geringer werdenden Gewinnspanne. Auf allen Plantagen überstieg die Todes- die Geburtenrate, kontinuierlich mussten neue Sklaven erworben werden.

Nur begrenzt gelang es mit vereinzelten Aufständen, sich gegen die Sklaverei zur Wehr zu setzen, zumal auf den Plantagen gewöhnlich sich untereinander gänzlich fremde Sklaven zur Arbeit gezwungen wurden in der Erwartung, damit Revolten zu verhindern. Zwischen Mai und Juli 1760 brach auf Jamaika unter Führung des aus Ghana stammenden Tacky eine Rebellion der Maroons aus, die in ihrer Tragweite der Revolution der Dreizehn Kolonien Nordamerikas gleichkam. 1763 folgte erst Guayana, 1765–1793 daraufhin Surinam mit langen Guerillakämpfen. 1795 brach auf Curaçao ein Aufstand aus und noch 1816 und 1831 kämpften Sklaven auf Barbados und Jamaika gegen ihre Kolonialherren. Gewöhnlich verfolgten sie kurzfristige, ihrem Alltag entstammende Ziele, wie etwa die Abschaffung der Prügelstrafe oder der Peitsche. Das langfristige Ziel der Abolition war vorerst unvorstellbar.

Diese Rebellionen im karibischen Raum wurden allesamt blutig niedergeschlagen, teils auch durch Intervention anderer europäischer Mächte, die ein Übergreifen der Revolten auf ihre Kolonien befürchteten. Allein der bekannteste Aufstand auf Haiti unter Führung Toussaint L'Ouvertures hatte Erfolg und erkämpfte parallel zur Französischen Revolution einen neuen Staat (1804), den zweiten postkolonialen nach den Vereinigten Staaten, aber im Unterschied zu ihnen ohne Sklaven. Für das Empire ging von dieser dichten Schlüsselregion, in der die europäischen Kolonialmächte teilweise näher zueinander lagen als in Europa, das Alarmsignal aus, wie verwundbar für zentrifugale Kräfte es eigentlich war, wie fragil und wie unvorbereitet. Die Welt der Sklaven stieß auf wenig Interesse im «Mutterland». Sie wurden als Arbeitsobjekte, als Verfügungsmasse auf den Plantagen, nicht als eigenständige, selbstbestimmte Akteure betrachtet, die die Handlungsmacht und Befähigung besitzen könnten, Herrschaftsverhältnisse zu gefährden. Unwissen produzierte dieses hohe Maß an Unsicherheit und Instabilität. Erst ab Mitte der 1790er Jahre wurde deshalb fast die Hälfte des britischen Militärs in die westliche Erdhalbkugel verlegt.

Europa und das Empire

Das 18. Jahrhundert bestimmte der englisch-französische Konflikt, während die koloniale Konkurrenz zu Spanien zweitrangig geworden war. Zwischen 1690 und 1815 führten die beiden Länder siebenmal Krieg gegeneinander. Bereits 1722 verbot Westminster den Handel zwischen den französischen und den englischen Kolonien in Nordamerika. Eine andere Folge der Konflikte war die stärkere Beteiligung des Parlaments, das die kolonialen Steuern festlegte und staatliche anstelle der bisherigen königlichen Kredite vergab. Seinerseits geriet es unter schärfere Beobachtung durch eine sich seit der Abschaffung der Vorzensur für Druckschriften (1695) immer deutlicher artikulierende Öffentlichkeit. Insgesamt schenkte die britische Politik dem amerikanischen Besitz allerdings bis 1763 relativ wenig Aufmerksamkeit. Dies lag an einer von Premierminister Horace

Walpole initiierten Bündelung der Kräfte in Europa, außerdem an der Hinwendung nach Indien.

Doch die transatlantische Migration blieb ein dominantes Merkmal des frühneuzeitlichen Empire. Bis 1763 verabschiedete das Parlament allein 16 Transportation Acts, die eine Abschiebung von nahezu 50 000 Straftätern mehrheitlich aus England regelten. Kamen sie nicht in Virginia und Maryland unter, so in Pennsylvania. Die wenigsten fanden in Neuengland Verwendung. Dadurch kam es zu einer stärkeren sozialen und kulturellen Diversifikation der Ostküste. Wie im Falle der afrikanischen Sklaven war London der Auffassung, die Siedlungskolonien in Nord- und Mittelamerika könnten ausschließlich durch unfreie Arbeit und Zwang bewirtschaftet werden. Diese Intoleranz kontrastierte mit der Toleranz in religiösen Fragen. Im Unterschied zu den französischen Besitzungen in Nordamerika, in denen sich kaum andere Siedler als französische niederließen (z. B. Louisiana, Gründung von New Orleans 1718) – um 1750 waren es ungefähr 56 000 –, waren zur gleichen Zeit in die englischen Kolonien Menschen mit unterschiedlichsten europäischen Hintergründen eingewandert. Darunter waren viele presbyterianische Schotten und katholische Iren, die wie die Kontinentaleuropäer, zum Beispiel eine deutsche Mehrheit in Pennsylvania, von den Privilegien des Plantation Act von 1745 Gebrauch machten und nach sieben Jahren Aufenthalt naturalisiert werden konnten.

Die Ankunft von großen Gruppen kontinentaleuropäischer Einwanderer forderte zum einen das britische Wesen des Empire heraus, zum anderen war sie für die Konsolidierung der Kolonien essentiell, zumal das Thema «Überbevölkerung» in Europa gegen Ende des Jahrhunderts an Brisanz gewann (Thomas Malthus, *Essay on the Principles of Population*, 1798). Die europäischen Kolonisten verhielten sich loyal zum Empire, zumindest neutral. Es stellte wenige Anforderungen und öffnete weitreichende Optionen. Um 1776 lebten etwa zwei Millionen weiße Immigranten in Nordamerika, sowohl freie Siedler als auch Zwangsarbeiter. Protestantische Deutsche, Schweizer, Niederländer, Schweden und französische Hugenotten ließen sich im

Norden Amerikas nieder, um als Händler und Kleriker, Ärzte und Ingenieure zu arbeiten. Sie investierten Kapital, besiedelten Land, konsumierten britische Waren und halfen beim Aufbau kolonialer Strukturen, die folglich nicht exklusiv und hermetisch geschlossen waren. Ab der zweiten Hälfte des 18. Jahrhunderts zeichnete sich klar ab, wie das Empire zu einem Sammelbecken transnationaler Interessen wurde und es zugleich die Neuzugänge zu anglisieren verstand. Rivalitäten der europäischen Staaten schlossen die Kooperation auf individueller Ebene nicht aus. Kämpften hessische Soldaten im Amerikanischen Unabhängigkeitskrieg, so verdingten sich Niederländer in der East India Company und hannoverische Regimenter wurden in Indien stationiert. Weil das Empire viele persönliche Möglichkeiten eröffnete, Land vermeintlich unbegrenzt zur Verfügung stand und die Nachfrage nach Arbeitskraft unendlich schien, war es für das imperiale System attraktiv, Kontinentaleuropäer profitabel für sich einzusetzen. Dafür musste es sich kontinuierlich reformieren und modernisieren.

Politische Theorien von Locke bis Smith

Ein maßgebender politischer Theoretiker zu Beginn dieser Epoche war John Locke. Seine *Two Treatises of Government* (1689) legten das Fundament eines freiheitlichen Gemeinwesens und eröffneten damit eine Kritik am Absolutismus und seiner Vorstellung einer göttlichen Einsetzung des Herrschenden. In Lockes Augen war die Herrschaft des Einzelnen nicht über das Herkommen legitimiert, sondern einzig über einen ursprünglichen Vertrag zwischen freien und gleichen Menschen. Wer das Gemeinwohl durch ungerechte Regierung verletzte, setzte sich dem Widerstandsrecht des Einzelnen oder der Revolution der Gemeinschaft aus. Lockes Widerlegung der absolutistischen, durch Robert Filmer (*Patriarcha, or the Natural Power of Kings*, 1680) gestützten Staatslehre war als Rechtfertigung des Umsturzes gegen die Stuarts interpretiert worden. Als Streitschrift schon vor 1688 verfasst, gründete sein Argument auf der praktischen Politik und es richtete sich sowohl gegen die hierarchisch organisierte Agrargesellschaft («landed interest») als auch die anglikanische staatskirchliche Orthodoxie – ein Plädoyer für Toleranz und insofern ein Gegengewicht zu Thomas Hobbes' *Leviathan* (1651).

Indem die Kolonisten in Amerika Locke zum Zeugen ihres Rechts auf Widerstand machten, beriefen sie sich auf den Begriff der Zivilgesellschaft mitsamt dem Vertrauen («trust») in die Normalität des staatlichen Funktionierens. Danach konnte die Regierung von einer gesellschaftlichen Mehrheit gestürzt und, in radikaler Übersetzung, sogar der Staat selbst aufgelöst werden, wenn dieses Vertrauen zerstört war, sofern die Gesellschaft intakt blieb. Obwohl die politische Entfremdung zwischen England und Neuengland nicht mehr zu revidieren war, blieb nach diesem Bild die transatlantische Gesellschaft der Kaufleute und Landbesitzer bestehen, weil ihr sozialer Konsens fortdauerte. Das machte die Separation zwangsläufig, doch die Revolution weniger radikal.

Demnach ließ sich an den gesellschaftlichen Konsens selbst nach der Boston Tea Party (1773) und dem Revolutionskrieg (1775–1783) sowie nach dem von England begangenen Verfassungsbruch, die amerikanischen Kolonien zu besteuern, ohne ihnen politische Mitsprache zu gewähren, wieder anknüpfen. Nur Thomas Paines Radikalkritik an der Monarchie (*Common Sense*, 1776) erlaubte diesen Spielraum nicht. Bildeten Freiheitsrechte und der Schutz des Privateigentums elementare Grundlagen des Gedankensystems, so rechtfertigte Locke gleichwohl die Kolonisierung. Die Natur war nützlich, wenn sie durch Arbeit angeeignet wurde. Folglich war derjenige, der Land erstmals bearbeitete, dazu berechtigt, es zu besitzen – ein diametraler Unterschied zum europäischen Pachtsystem, weil Land zu pachten für die Kolonisten undenkbar war. Für den Siedlerkolonialismus fügten sich Lockes Ideen wie eine Eintrittskarte auf das angeblich unberührte Land («terra nullius»).

Im Jahr der von Jefferson verfassten und an Lockes Vorstellung einer freiheitlichen politischen Willensbildung erinnernden Amerikanischen Unabhängigkeitserklärung 1776 erschien von Adam Smith ein Hauptwerk der Staatswirtschaftslehre: *An In-*

quiry into the Nature and Causes of the Wealth of Nations. Der Überregulierung durch das merkantilistische System setzte Smith das wirtschaftsliberale, zukunftsoffene Modell einer «commercial society» entgegen. Das Wechselverhältnis zwischen Wirtschaft und Gesellschaft begründete sich ihm zufolge nutzenbezogen und schuf eine differenzierte Produktionsgesellschaft, in der jedes Mitglied legitime Eigeninteressen wie Prestige und wirtschaftlichen Gewinn verfolgte. Daran knüpfte sich die Entwicklung sozialer und ökonomischer Chancen, für die jeder Einzelne selbst verantwortlich war und die in der Summe – unabhängig von lenkenden regierungsamtlichen Eingriffen – politische Freiheit und kulturelle Belebung zur Folge haben würden.

Die Entfaltung der selbstgesteuerten Marktgesellschaft war mitnichten als Marktabsolutismus zu verstehen, sondern nach Smith die Basis für unterstützende staatliche (Gewährleistung von Schutz) und gesellschaftliche (Erziehung) Funktionen. Diesem Buch, einem optimistischen Klassiker der Freihandelslehre, wurden sowohl eine Überbetonung der Ökonomisierung des Lebens und seiner strukturellen Bedingungen als auch ein Rückzug aus wohlfahrtsstaatlichen Verpflichtungen («moral economy») vorgeworfen. Aber sein pragmatischer Zug, Wachstum als positiven Ausdruck menschlichen Handelns zu begreifen, machte großen Eindruck auf die Zeitgenossen, die dies zu Recht als Legitimation für die bürgerlich-materielle Zivilisation deuteten. Deren Geheimnis lag darin, die Planbarkeit der Politik durch den Glauben an freiheitliche menschliche Verhältnisse zu ersetzen. Dies traf einen Grundakkord der «Neuen Welt», und das in unterschiedlicher Weise: einerseits puritanisch-urban mit begrenzten demokratischen Rechten wie in Neuengland, andererseits vorsichtig royalistisch wie in Georgia.

Belle Estate, Barbados 1710

Eine gewöhnliche Zuckerrohrplantage auf Barbados besaß ein Herrenhaus und die notwendigen Produktionsanlagen wie die Zuckerrohrmühle, die Siedeanlage und Viehställe. Die Sklaven lebten in gut bewachten Baracken, Krankheiten ausgesetzt und mangelhaft nur mit Reis und Bananen ernährt. Auch unter ihnen gab es Hierarchien. Zum Handwerker zu werden oder zum Hauspersonal zu wechseln, bedeutete sozialen Aufstieg und hatte ein höheres Maß an Mobilität und Freiheit zur Folge. Oftmals betraf dies die in der Karibik geborenen Sklaven, die Kreolen. Auf dem Sklavenmarkt erzielten sie höhere Gewinne. Weil der Rohrzucker erst in Großbritannien zu Feinzucker raffiniert wurde, musste er auf der Plantage schnell geerntet und für die Überfahrt in Tonnen verpackt werden. In Liverpool entwickelte sich gleichzeitig eine florierende Zuckerindustrie, die um 1785 beinahe 17 000 Tonnen Rohrzucker verarbeitete und damit unermesslichen Wohlstand erwirtschaftete. Angefangen mit Allyn Smith 1673, sollte die berühmteste viktorianische Raffinerie diejenige von Henry Tate werden.

Eine Plantage war nicht nur eine agrarische, sondern auch eine frühindustrielle Anlage, wie sie zum Beispiel Philip Bell, seinerzeit Gouverneur von Barbados, auf seinem 1641 erworbenen Belle Estate begründete. Sie maß 537 Acre (ca. 2,2 km^2) und ging 1780 an die Familie von Daniel Lascelles über, in deren Besitz sie bis 1970 blieb. In der Regel arbeiteten hier bis zu 300 Sklaven. Auf diesen Ländereien wurden sie je nach Arbeitskraft, aber unabhängig von ihrem Geschlecht in unterschiedlichen Arbeitskolonnen eingesetzt. Kinder wurden spätestens im Alter von sieben Jahren, meist jünger, verpflichtet. Trotz der unerträglichen Lebensbedingungen konnte es den Sklavengesellschaften gelingen, ihre über den Atlantik transportierten Kulturen und Religionen in der Karibik zu praktizieren und ihre familiären Strukturen fortzusetzen. Auch der Erwerb von Landbesitz war nicht ausgeschlossen, sofern er für den Zuckeranbau ungeeignet, doch für die Herstellung anderer Erzeugnisse nutzbar war. Dadurch entstanden Nischenmärkte, die den versklavten Menschen die Möglichkeit boten, jenseits der Plantagen in beschränktem Maße Handel zu treiben und Informationen auszutauschen.

4. Zwischen Plassey und Trafalgar, 1757–1805

Während des anglo-französischen Kolonialkonflikts im Rahmen des Siebenjährigen Kriegs wurde William Pitt der Ältere Premierminister – er setzte auf eine betont starke britische Expansionspolitik – und Horatio Nelson (1758–1805) wurde geboren, der wohl berühmteste Admiral der Zeit zwischen der Begründung der Herrschaft in Indien durch Robert Clive in der Schlacht von Plassey 1757 und der Schlacht von Trafalgar 1805. Bestimmt wurde diese Epoche nach wie vor vom Ringen um die Weltherrschaft. Aus dem Siebenjährigen Krieg ging das Empire als führende Handels- und Seemacht hervor, die Frankreich unter anderem Québec und Louisiana östlich des Mississippi sowie das Mündungsgebiet des Senegals, Gambia und die Inseln der Kleinen Antillen abnahm, außerdem von Spanien Florida erhielt. Das Empire maß mittlerweile die vielfache Größe des französischen Kolonialreichs. Spielten in Nordamerika der Anbau von Reis, Indigo und Tabak nach wie vor die größte ökonomische Rolle, so bildeten die karibische Zucker- und folglich die Sklavenwirtschaft die tragenden Säulen des Empirehandels. Als Luxusgut war Zucker so teuer wie Zimt und rief neue Produkte wie Gebäck und Marmelade ins Leben. Koloniale Investitionen im großen Stil wurden deshalb vorerst nur in Zentralamerika getätigt.

Indien

In Indien waren andere Bedingungen gegeben. Zum einen war die East India Company mit einem Subkontinent konfrontiert, der in dem halben Jahrhundert seit dem Tod des Mogulherrschers Aurangzeb (1707) an Zusammenhalt verloren hatte und zunehmend unter die Kontrolle von regionalen Fürstenstaaten geraten war, die eigene Interessen verfolgten und direkt mit Europäern verhandelten. Die Herrscher von Bengalen, Mysore und Hyderabad sind hierfür beispielhaft. Zweitens musste die Kompanie erst weitreichende territoriale Handelsfreiheiten von London erhalten. Und drittens war ein Weg zu finden, ungeachtet der hohen militärischen Ausgaben wirtschaftliche Profite zu machen, die sich gegenüber der französischen Präsenz in Indien in Person von Joseph François Dupleix, dem französischen Generalgouverneur und Hauptrivalen von Lord Clive, bemerkbar machten. Clive sollte dies besser als Dupleix gelingen, weil er auf Bengalen mit seinem reichen Zentrum Kalkutta setzte.

Die drei zwischen 1746 und 1763 währenden und nach dem südindischen Gebiet zwischen Ostghats und der Koromandelküste benannten Karnatischen Kriege, mithin britisch-französischen Kolonialkriege im Zuge der Schlesischen Kriege, brachten unter anderem Arcot ein und garantierten, dass die französischen Handelsstützpunkte von Chandannagar, Pondicherry, Karikal und Mahé demilitarisiert wurden. Dem britischen Vordringen, dem auch die Portugiesen an den westindischen Küstenregionen von Goa, Daman und Diu nichts entgegenzusetzen hatten, schloss sich zeitgleich die Erforschung der Südsee durch Cooks drei große Reisen an.

Auch in Indien ging der Durchsetzung kolonialer Herrschaft eine Schlacht voraus. Clive hatte bei Plassey nördlich von Kalkutta 1757 die vom Navab Siraj-ud-Daula besetzt gehaltene Stadt zurückerobert. Mehrere hundert Briten waren zuvor in einem viel zu kleinen Gefängnis gefangen gehalten worden. Das entsprechend benannte «Black Hole of Calcutta» ist zu einem bis heute wachgehaltenen Erinnerungsort für Kriegsverbrechen geworden. Längst hatten sich die Briten Chandannagar einverleibt. Als Erstes führte Clive das System eines «dual government» ein. Damit begegnete er den Gegensätzen zwischen dem nominell regierenden, doch gänzlich von Großbritannien abhängigen Navab von Bengalen auf der einen Seite und der die Finanzhoheit («Divan») über Bengalen, Bihar und Orissa beanspruchenden Ostindienkompanie auf der anderen.

Gouverneure wie Clive, in seiner Nachfolge Warren Hastings

und Charles Cornwallis sowie Richard Wellesley waren bis nach der Jahrhundertwende in Konflikte mit den Marathen, einem hinduistischen Staat in Zentralindien (1674–1818), verwickelt. Aber sie hatten einen Vorteil davon, dass es eine Einheit Indiens unter den einzelnen Präsidentschaften in Bombay, Madras und anderen Städten nicht gab, die individuell Verträge mit den Briten abschlossen. Anders als in Amerika, wo das Argument eines Rechts zur kolonialen Ausdehnung angewandt wurde, beanspruchte die Kolonialmacht für sich in Asien, eine bessere Expansion nach den Kriterien von «law and order», «ancient rights», «property and liberty» sowie Stabilität auszuüben. Ohne Zweifel profitierte sie dabei nicht nur von ihrer militärischen und administrativen Organisation, sondern auch von der kulturellen Vielfalt Indiens.

Der Hauptnutznießer dieser Lage war die Kompanie. Der Korruption waren kaum Grenzen gesetzt, was sich auch politisch auszahlte, weil ein Gouverneur als nächsten Karriereschritt bevorzugt einen Sitz im Londoner Parlament anstrebte. Clive soll ein Vermögen angehäuft haben, das dem riesigen Landbesitz des Herzogs von Newcastle glich. Seit dem Sieg von Plassey war Kalkutta zu einem der blühendsten Kultur- und Wirtschaftszentren Asiens aufgestiegen, während der Mogulstaat und sein Zentrum Delhi afghanischen Plünderungen zum Opfer fielen. Machtmissbrauch durch die East India Company stellte für London fortan eine mindestens so große Herausforderung dar wie das Souveränitätsbedürfnis der Fürsten. 1784 sollte der durch Pitt eingebrachte India Act die von der Kompanie angestrebten Gebietserweiterungen ins Landesinnere abfedern und die Kontrolle durch die Londoner Zentrale verstärken. Wie in Amerika war auch hier eine Grundspannung zwischen Metropole und Kolonie angelegt.

Warren Hastings war angetreten, die Administration der EIC zu modernisieren. Indessen interessierte er sich mehr für die indischen Sprachen und Kulturen. Überhaupt war er bestrebt, sich so wenig wie möglich in den Alltag einzumischen, die christliche Missionierung zurückzuhalten und sich an den Gesetzen der Moguln zu orientieren. Er wollte Geschäfte machen.

In dieser Zeit begann eine Debatte, die zwei Generationen später mit dem Historiker Macaulay zu voller Geltung gelangte. Es ging darum, ob es richtiger sei, mit Respekt für seine Kultur an das alte, vorkoloniale Indien anzuknüpfen oder aber den Subkontinent mit der Sprache und dem Rechtssystem Großbritanniens zu verwestlichen, um ihn besser zu beherrschen. Daran schloss sich die Frage nach der Ausbildung der Kolonialbeamten an. Was waren ihre Qualitäten und ihre Qualifikationen und genügten dafür die in Oxford erworbenen Kenntnisse im Altgriechischen? Hastings wurde bald in einem über sieben Jahre dauernden Prozess im Unterhaus von Edmund Burke dafür angeklagt, in Bengalen nicht nach britischem Rechtsverständnis zu regieren, sondern willkürlich und korrupt. Verleitete der Kolonialdienst dazu, rechtstaatliche Prinzipien fern des Mutterlandes zu missbrauchen?

Kanada und Irland

Politisch schlug die Stunde Pitts des Jüngeren. Er hatte den Balanceakt zu bewerkstelligen, den die Berücksichtigung Amerikas, Indiens und Hannovers für Großbritannien verursachte. Hinzu trat noch Kanada, dessen Nachteile, im Unterschied zu den Zuckerkolonien weniger Profit auszuschütten und zudem wegen seiner französischstämmigen Bevölkerung kein Treueverhältnis zu entwickeln, durch den Vorteil, den amerikanischen Kolonien Sicherheit und Frieden zu garantieren, aufgefangen wurden. Die Teilung in Oberes und Unteres Kanada (1791) folgte der Notwendigkeit, emigrierende Empire-Loyalisten aus den jungen Vereinigten Staaten aufzunehmen. Bis die Stadt York sich in den 1830er Jahren in Toronto umbenannte, setzte sich ihre Verbundenheit bis in den britischen Adel fort. Wie im Süden die Siedler, so durchquerten im Norden die Pelzhändler den amerikanischen Kontinent in Richtung Westen. Längst beschränkte die Hudson's Bay Company ihren Aktionsradius nicht nur auf die Ostküste. Montreals Kaufleute taten es ihr gleich, bis Alexander Mackenzie 1793 die Pazifikküste erreichte, während Kapitän Vancouver zur gleichen Zeit ihren

Wert vom Meer aus vermaß. Seit geraumer Zeit waren britische Schiffe vor Kalifornien unterwegs und provozierten einen Seekrieg mit Spanien.

Im Schatten der Amerikanischen und der Französischen sowie der Industriellen Revolution entpuppte sich das irische Problem als höchst explosiver Dauerkonflikt, der sich unter anderem in der niedergeschlagenen Rebellion der «United Irishmen» unter Führung Wolfe Tones von 1798 entlud. Auch Dublin wurde von einem Gouverneur als Stellvertreter des Monarchen mit Sitz im Schloss regiert. Daran konnte selbst das vorübergehend einigermaßen souveräne protestantische Parlament (1782–1800) unter Henry Grattan und Henry Flood nichts ändern.

Der Zwang Irlands in die Realunion des Vereinigten Königreichs (1801), der Sieg über das napoleonische Frankreich in der Seeschlacht bei Trafalgar im Oktober 1805, der Aufbau des modernen Industriestaats sowie eine behutsame Reformierung des politischen Systems lieferten gemeinsam eine entscheidende Voraussetzung für den weltweiten Ausbau der imperialen Führungsposition. Die Union diente auch der Sicherung gegen das revolutionäre Frankreich. Sie war eine Fortsetzung des protestantischen Siedlerkolonialismus mit anderen Mitteln und verlagerte das politische Zentrum weg von Dublin, dessen elegantes Parlamentsgebäude an die Bank of Ireland verkauft wurde. Sie integrierte die seit den 1760er Jahren kräftige Agrarwirtschaft Irlands in die englische und schuf damit die zukünftige Ambivalenz zwischen Abhängigkeit vom und Profit durch das Empire. Nicht nur unzählige irische Kaufleute beteiligten sich an Londons Ausbau als Finanzmetropole, sondern auch von Armut gezeichnete und der Drangsal anglo-irischer Landbesitzer ausgesetzte Bauern stellten sich der britischen Armee und Navy zur Verfügung.

Ebenfalls im Jahr 1801 gründete Pitt das Ministerium für Krieg und Kolonien und damit die Grundlage für das sich nach den Napoleonischen Kriegen entwickelnde Colonial Office. Diese Phase war gezeichnet von einem tiefgreifenden und nachhaltigen Wandlungsprozess in der Agrikultur mit der Folge massiver Produktivitätssteigerung, von Kommerzialisierung, der Urbanisierung Englands sowie seiner Modernisierung, einer innovativen verkehrstechnischen Infrastruktur (landesweiter Kanalbau) und schließlich einer rapide wachsenden Bevölkerung. Gegner dieser Prozesse wie Ned Ludd zerstörten die modernen Maschinen, die sie für die hohen Einkommensverluste unter den Arbeitern verantwortlich machten, und die Kritiker des allenthalben propagierten, die Empirewirtschaft vorantreibenden Freihandels forderten Einfuhrzölle auf Getreide.

Politisches Denken

«Es waren die besten Zeiten, es waren die schlimmsten Zeiten», bilanzierte Charles Dickens in seinem Vergleich zwischen Paris und London während der Französischen Revolution (*A Tale of Two Cities*, 1859), es sei die «Epoche des Glaubens» und die des Unglaubens gewesen. Jedenfalls brachte sie eine Vielzahl an bedeutenden politischen Schriften hervor – von Adam Ferguson (*An Essay on the History of Civil Society*, 1767), Edmund Burke (*Reflections on the Revolution in France*, 1790) und Thomas Paine (*Rights of Man*, 1791) bis zum Utilitarismus Jeremy Benthams (*An Introduction to the Principles of Morals and Legislation*, 1789). Ihre Staatsphilosophien besaßen eine das Empire genuin prägende Handschrift. Was der Handelsstaat benötigte, waren freie und sichere Verkehrswege für die Einfuhr von Rohstoffen und die Ausfuhr der eigenen Produkte, doch nicht zwangsläufig formelle Kolonien, eine Denkweise, die sich in Benthams frühe Kolonialkritik (*Colonies, Commerce, and Constitutional Law*; *Emancipate Your Colonies!*, 1830) fügte. Sicherheitspolitik war außerdem nicht gleichbedeutend mit Friedenspolitik, so dass Großbritannien mindestens so viele Kriege im Interesse des Freihandels wie des Kolonialbesitzes führte.

Auf dem Spiel standen weltgeschichtliche Aspekte wie das Spannungsverhältnis zwischen Expansion und Revolution und die von Paine in Frage gestellte Rechtmäßigkeit der Erbmonarchie. Vorerst gelöst wurde das Thema mit dem Sieg von Trafalgar, der Großbritanniens Vorherrschaft auf den Weltmeeren im gesamten 19. Jahrhundert begründete und Monarchie, Nation und Empire immer stärker auf einen Nenner zuführte. Im Zentrum Londons entstand bereits 1829 ein monumentaler Platz der Heldenverehrung für Nelson. Garantierte die Navy den Schutz der britischen Inseln, so rückten ihre Admiräle wie Nelson zum heroisierten Steuerungssymbol des Staates auf, weil das Staatsschiff seinerseits zum Kennzeichen der nationalen Identität wurde. Wie keine andere Institution besaß die Royal Navy diese integrative Kraft. Über die königliche Yacht «Britannia» demonstrierte die Krone ihre Verbundenheit mit dem maritimen Empire. Und über die Identifikation von Forschungsexpeditionen mit der Expansion (John Franklin auf der Suche der Nordwestpassage 1847 zur Verkürzung des Seewegs nach Asien; der Antarktisforscher Scott) bot sich die Möglichkeit der Selbstreflexion des Eigenen im Anderen. Die Bewährung in der Einsamkeit ließ das unbedingte Wollen des Einzelnen und seine Wirkungskraft an der Gestaltung des Weltreichs zum Vorschein kommen.

Viscount Castlereagh, der britische Vertreter beim Wiener Kongress 1815, drängte maritime Fragen erfolgreich aus dem Protokoll, als wäre ihre globale Natur lediglich eine Sache der Briten. Ganz falsch war das nicht, hatte sich Frankreich doch nach dem Verkauf Louisianas (1803) an die Vereinigten Staaten von seinem nordamerikanischen Besitz zurückgezogen und vorerst kein Interesse mehr an der Expansion, zumal Nelson Napoleons Flotte in der Schlacht vom Nil zerstört hatte. Während Spanien Argentinien und Portugal Brasilien verloren, womit die Dekolonisation in Südamerika einsetzte, eroberten die Briten von den Niederländern das Kap der Guten Hoffnung, Ceylon und Teile Guayanas (1795–1814). Verlust bzw. Tausch von Kolonialbesitz wurde zu dieser Zeit noch nicht zwingend mit einem Verlust an nationalem Prestige gleichgesetzt.

Cook-Inseln 1773

Gut 16 200 Kilometer von der Themse entfernt, bereiste James Cook 1773 die nach ihm benannte Inselgruppe. In mehreren Expeditionen zwischen 1768 und 1779 erkundete er mit seinem Schiff «Endeavour» den Pazifik, umfuhr Neuseeland und entdeckte 1770 die Attraktivität der Südküste Australiens, die ihn an den Süden von Wales erinnerte. Insgesamt segelte er ungefähr 200 000 Seemeilen. Inbegriff des militärisch sozialisierten, als charismatisches und risikobereites Leitbild fungierenden Entdeckungsreisenden, der mit aufklärerischem Wissensdurst den kolonialen Herrschaftsanspruch unterstrich, verkörperte Cook die Entsprechung zu Louis Antoine de Bougainville und damit den Wettstreit mit Frankreich. Auf drei Weltumsegelungen – an der ersten nahm der Botaniker Joseph Banks, an der zweiten Johann Reinhold Forster und sein Sohn Georg teil – gelang Cook Spektakuläres im Hinblick auf die Erforschung des pazifischen und subantarktischen Raums. Er wies die Doppelinselnatur Neuseelands und die Trennung Australiens von Neuguinea nach, er bereiste u. a. Inseln in den Neuen Hebriden, Neukaledonien, die Sandwich Islands, Hawaii und große Teile der Küste Alaskas.

Gleichermaßen Kartograph, hatte Cook eine Detailstudie vom Sankt-Lorenz-Strom vorgelegt, der lebenswichtigen Arterie Kanadas. Dessen präzise hydrographische Erfassung war für die britische Eroberung Québecs 1759 und in der Folge für den britischen Sieg durch General James Wolfe über die Franzosen in Nordamerika entscheidend gewesen. Auch die Küstenlinien Neufundlands wurden von ihm genauestens vermessen. Untrennbar aber bleibt sein Name mit dem Pazifischen Ozean verbunden, bis hin zu seiner notwendigen postkolonialen Entmythologisierung. Weil Weltumsegelungen nicht allein den empirischen Forschungen der Naturwissenschaften nutzen sollten, sondern dem nationalen Ansehen der Seeimperien, konkurrierte Cook mit Bougainville um die bis dahin fast gänzlich vernachlässigte Südsee. Auf Initiative der Royal Society war Cook in See gestochen und hatte Astronomen, Botaniker und Künstler zur Dokumentation der Reise an Bord. Er sollte auskundschaften, ob es den schon von Aristoteles behaupteten großen Südkontinent tatsächlich gebe.

Die brutale Zurückdrängung der indigenen Bevölkerungen (der Aborigines sowie der Maori auf Neuseeland) waren unmittelbare Konsequenzen der Expeditionen von 1770. Das weiße Australien hat eine eigene koloniale Vergangenheit gegenüber den Ureinwohnern und ebenso eine der Sklaverei, mit der in der zweiten Hälfte des 19. Jahrhunderts über 60000 Pazifikinsulaner für die Arbeit auf Zuckerrohrplantagen ausgebeutet wurden. Erst 2019 wurde die Besteigung des den Aborigines heiligen Bergs Uluru (Ayers Rock) im Bundesstaat Northern Territory verboten.

Die Strafkolonie Australien wurde zu einer willkommenen Alternative für Nordamerika und Sydney bot sich als idealer Stützpunkt an. Hier wurden die botanischen Gärten nach dem Vorbild der Londoner Royal Colonial Botanic Gardens angelegt. Professionelle Pflanzenkunde stellte sich in den Dienst des Empire. Dass Siedlungskolonialismus eine kostspielige und riskante Angelegenheit sein würde, hatten die Kolonisten bereits in Virginia im frühen 17. Jahrhundert erfahren. Erneut hing die Zukunft einer jungen Kolonie vom ständigen Zustrom neuer Siedler ab, in diesem Fall Strafgefangener, aber auch einer üblicherweise militärisch sozialisierten Verwaltung. Es meldete sich 1806 Vizeadmiral William Bligh zur Stelle, ausgerechnet jener Kapitän, der die Meuterei auf der Bounty 1789 kaum überlebt hätte. Bis zur Mitte des 19. Jahrhunderts dienten Australiens Küsten dem Walfang und sein Inland der Schafzucht. Aus Londoner Sicht blieb es ein ferner Kontinent, in den das Schatzamt vorerst kaum investierte und von dem die Zeitgenossen, wenn sie nach Botany Bay kamen, das Cook und Banks im Mai 1770 so benannt hatten, meinten, sie seien am Ende der Welt.

5. Von der Abschaffung des Sklavenhandels zur Großen Weltausstellung in London, 1807–1851

Die britischen West Indies, die weniger Gewinn erwirtschafteten als die französischen Inseln Martinique, Saint-Domingue und Guadeloupe (zusammen etwa 40 Prozent der globalen Zuckerproduktion), aber selbst um 1800 noch deutlich mehr als die meisten anderen Kolonien des Empire, waren zu einem

Motor des Wohlstands und zugleich zu einer Quelle des Unbehagens geworden. Eine weltanschaulich geprägte Debatte über den Nutzen und Nachteil des Sklavenhandels setzte ein. Die Kritik war auch rechtlicher Natur. Sie prangerte die Unmenschlichkeit, die Ausmaße und die Brutalität des Sklavereisystems an. Doch konnte sie den Punkt nicht ausräumen, dass Sklaven als persönliches Eigentum betrachtet wurden und ihre Händler und Besitzer daher für den Verlust finanziell kompensiert werden mussten. Um die Abolition politisch durchzusetzen, wurden unvergleichlich hohe Steuermittel aufgewendet. Die Pracht vieler Londoner Stadtpaläste und englischer Landhäuser zeugt bis heute davon.

Humanität als Argument

20 Jahre lang hatten britische Philanthropen in Sierra Leone eine Kolonie für befreite Sklaven finanziert. Als dies nicht länger möglich war, übernahm das Colonial Office 1808 die Kolonie. Das war ein Jahr, nachdem der Sklavenhandel offiziell für illegal erklärt wurde. Die Niederlande schlossen sich 1814, Frankreich 1818 an; Dänemark hatte 1792 den Anfang gemacht, Brasilien folgte erst 1888. Auch der Wiener Kongress ächtete den Sklavenhandel. Wenn die Royal Navy es nun zu ihrer Pflicht machte, ihn auf den Weltmeeren zu verfolgen, so übernahm sie die transimperiale Aufgabe einer Seepolizei. Diese Mission kostete Großbritannien lediglich zwei Prozent seines Bruttoinlandprodukts, verhalf dem Land aber zu internationaler völkerrechtlicher Autorität und unschätzbarem moralischen Kapital. Die Forderung nach Humanität und die Durchsetzung hegemonialer Interessen waren vereinbar, so wie die Verteidigung der Menschenrechte und die Überzeugung von der grundsätzlichen Gleichheit aller Menschen durch die Abolitionisten im Namen der Humanität durchsetzbar waren, weil sie die Praxis ihres Sendungsbewusstseins erhärteten.

Dazu beigetragen haben die «mixed courts», paritätisch besetzte internationale Gerichtshöfe, die in so verschiedenen Kolonialstädten wie Kingston auf Jamaika und Kapstadt tätig wurden und den Sklavenhändlern den Prozess machten. Gemeinsam mit Thomas Clarkson, Granville Sharp, Hannah More und vielen anderen Philanthropen, darunter Quäker, Mitglieder der «Clapham Sect», Reformer und der Keramiker Josiah Wedgwood, zählte William Wilberforce zu den prominentesten Abolitionisten seiner Zeit. Ignatius Sancho, Ottobah Cugoano, Ukawsaw Gronniosaw und viele andere ehemals versklavte Menschen, die in England ein neues Leben begannen, veröffentlichten ihre anklagenden Autobiographien. Mit Hilfe der 1787 gegründeten Society for the Abolition of the Slave Trade zielten sie auf eine Verbesserung der Lebensumstände der Sklaven, schließlich auf die Abschaffung der Sklaverei im Empire (1833). Dieser Erfolg der Freiheit glich die im Amerikanischen Unabhängigkeitskrieg beigefügte Niederlage aus, verankerten die Vereinigten Staaten doch in ihrer jungen Verfassung keine Rechte der indigenen Bevölkerung oder der Sklaven. Sklavenlose Kolonien, so war zu erwarten, würden blutigen Aufständen vorbeugen, was den Anreiz zu weiterer kolonialer Expansion erhöhte. So ließ sich humanitäres Denken einerseits in koloniales Handeln andererseits ummünzen. Nachdem Sklaverei lange Zeit philosophisch gerechtfertigt worden war, dies nun aber nicht mehr möglich war, sollte es für den Kolonialismus an sich kaum moralischen Legitimationsbedarf geben.

Auch die Anti-Slavery Society (1823) setzte sich für eine weltumspannende Sklavenemanzipation ein. Als wiederholt Revolten ausbrachen (u.a. auf Jamaika 1831/32 mit dem baptistischen Prediger Samuel Sharp), war die Karibikpolitik endgültig in Misskredit geraten. Eine Reformstimmung, die sich moderat in den Wahlrechtsreformen von 1832 und 1864 niederschlug, hatte Eingang gefunden in die politische Willensbildung. Noch war sie eine elitäre, gelehrte Diskussion, kein Breitenphänomen. Man war bereit, für die befreiten Sklaven 20 Millionen Pfund Steuergelder als Entschädigung zu bezahlen. Schließlich besaßen viele der Abgeordneten Plantagen und Sklaven. Der graduelle, nicht radikale Übergang war dem damaligen Reformdenken geschuldet, dem sich selbst die Familie Georgs III. mit demonstrativer Zuckerabstinenz beim Teekonsum anschloss.

Als Kolonialprodukt war Zucker genauso wie Tee um 1800 zum festen Bestandteil des täglichen Nahrungsmittelkonsums geworden. Ihn zu boykottieren bedeutete, ein politisches Zeichen zu setzen.

Das alles bedeutete allerdings nicht, Sklaverei und Sklavenhandel hätten nach ihrer offiziellen Abschaffung nicht weiter funktioniert. Keine Insel setzte die Sklaverei bis Mitte des 19. Jahrhunderts effizienter und ertragreicher fort als Kuba, obwohl alle europäischen Monarchien einschließlich Spaniens sich bis 1850 dem britischen Verdikt angeschlossen hatten. Auf verborgenen Netzwerken wurden Menschen zwischen Afrika und Amerika geschmuggelt, woran Briten weiterhin gut verdienten. Das atlantische Geschäft, das die Royal Navy an den Küsten Westafrikas und Zentral- und Südamerikas nicht vollständig verhindern konnte, blieb wie seit dem 17. Jahrhundert eine Kapitalanlage in den Verkauf menschlicher Körper und Arbeit. Mit wissenschaftlichem Anspruch erhobene Positionen sorgten dafür, dass die sozialen Hierarchien rationalisiert fortbestanden. Denn ansonsten wären schon zu diesem Zeitpunkt die Zwangs- und die Kontraktarbeit in Frage gestellt worden.

Wirtschaftspolitik

Gleichwohl war das behördliche Interessenspendel («official mind») seit geraumer Zeit von den westindischen Inseln zum ostindischen Bengalen ausgeschlagen. Die East India Company war im Begriff, nach Lord Wellesleys endgültiger Niederschlagung von Tipu, dem Sultan von Mysore (1782–1799), und der erzwungenen Einbindung des Nizam von Hyderabad ihr Monopol fast konkurrenzlos auszubauen. Fasziniert von Tigern und getrieben von seinem Hass auf die Engländer, hatte Tipu sich zunächst dreimal erfolgreich gegen Invasionen zur Wehr gesetzt. Er suchte den Kontakt zum revolutionären Frankreich und gründete sogar einen Jakobinerclub. Das Victoria & Albert Museum verfügt über ein zeitgenössisches, halbautomatisches Musikinstrument (*Tipu's Tiger*, 1793), das einen Tiger beim Töten eines Kolonialsoldaten zeigt.

Den Tee- und Opiumhandel mit China nahm die Kompanie nun durchgehend für sich in Anspruch, zumal der Teeanbau seit den 1850er Jahren auch im Nordosten (Assam, Darjeeling) eine wirtschaftlich große Rolle zu spielen begann. Als die Baumwollmanufakturen von Lancashire seit 1813 darauf drängten, ihre Erzeugnisse direkt nach Indien zu exportieren, und es auf diesem Weg zum größten Einfuhrland britischer Textilien machten, zeichnete sich ab, dass die EIC mehr und mehr zu einem Werkzeug von Verwaltung, Diplomatie, Wirtschaftspolitik und Kriegsführung geworden war. Währenddessen wurde der Subkontinent im gesamten 19. Jahrhundert von immer wiederkehrenden, verheerenden Hungersnöten geplagt. Hier offenbarte der Freihandel sein rücksichtsloses Gesicht, weil er die Kleinbauern der Not aussetzte. Der Indian Civil Service, der die Generalverwaltung samt Rechts- und Gesundheitswesen, Infrastruktur sowie Land- und Forstwirtschaft kontrollierte, gab später vor, deren Interessen mit Zöllen gegen die globalen Baumwollmärkte zu verteidigen.

Die indische Stahl- und Schiffsbauindustrie wurde ebenfalls in diesen Jahrzehnten begründet. Die Familie der Tata, Nachkommen persischer Einwanderer und der Religion der Parsen angehörig, schuf ein Wirtschaftsimperium im Schatten des Empire. Ihr tat es Jamsetjee Jejeebhoy nach, der ebenfalls als Parse durch den indisch-chinesischen Handel und in enger Kooperation mit dem 1832 gegründeten britischen Handelshaus Jardine Matheson unbeschreiblichen Reichtum generierte. Seinerzeit wurde Bombay eine ungemein kosmopolitische Stadt, in der Juden, Hindus und Muslime Seite an Seite lebten und die von der florierenden maritimen Wirtschaft im westlichen Indischen Ozean profitierte. Die prachtvolle Architektur ihrer öffentlichen Gebäude verdankt sie weniger einer Initiative des Empire als vielmehr der lokalen merkantilen Elite, die sich in ihrem Selbstverständnis als philanthropischer Mäzen begriff. Mehrmals noch würde sie aufgerufen sein, sich für die Allgemeinheit zu engagieren, zum Beispiel bei der Bekämpfung von Armut und Seuchen. 1896–1898 herrschte in Südostasien zwischen Bombay und Singapur die Pest.

Finanz und Mission

Eine immer wieder vom Scheitern bedrohte innere Durchdringung des Subkontinents von seinen Küsten aus konnte nur selbstständig und ohne direkten politischen Einfluss geschehen, aus privater Initiative und mit Hilfe der Eigendynamiken der fern von Europa agierenden, pionierartigen Siedler, Offiziere, Administratoren und Händler («men on the spot»). Darin zeigte sich ein klassischer Aspekt des Empire in neuem Licht. Der Nationalstaat zog sich zwar nicht aus der kolonialen Expansion zurück, doch er überließ sie mehr denn je individuellen Kräften. Diese Rolle konnte ebenfalls die Großfinanz übernehmen in Gestalt der Londoner City, ihrer Börse und der Bank of England, die einen «gentlemanly capitalism» betrieb und die sich in Reedereien und den großen Handelshäusern bewegte. So wickelten die privatwirtschaftlich geführten Kompanien den Transport von Waren, Post und sogar Soldaten ab. Die Interessen einer Handelsstadt, einer Hafenstadt und einer Stadt des Konsums waren in der Metropole London eng und synergetisch verflochten.

Oder die Rolle fiel den vielfach um 1800 entstandenen Missionsgesellschaften zu (Kongregationalisten, Baptisten, Methodisten, Presbyterianer), die ihrerseits auf die sich damals intensivierende Religiosität der Menschen antworteten. Im Unterschied zu den Vereinigten Staaten, deren Verfassung die Trennung von Staat und Kirche unterstrich, war ihre über die anglikanische Monarchie verkörperte Verbindung in Großbritannien von großer, auch finanzieller Bedeutung, insofern das Empire die Gründung von Missionsschulen ausdrücklich förderte. Der Nachteil möglicher politischer Einflussnahme wurde durch den Vorzug etablierter Strukturen aufgefangen. Die Baptist Missionary Society (1792), die London Missionary Society (1795) und die anglikanische Church Missionary Society (1799) sendeten ihre Missionare in alle Regionen des Empire, darunter auch den als «Vater» der Missionsbewegung geltenden William Carey, der 1793 nach Kalkutta reiste und die Bibel ins Bengalische übersetzte. Er verfasste Grammatiken und Wörterbücher verschiedener indischer Sprachen und war eine treibende Kraft für die Renaissance der bengalischen Kultur.

Ungeachtet ihrer religiösen (Kirchen), pädagogischen (Schulen) und medizinischen (Krankenhäuser) Arbeit waren die Missionare nicht notwendig Agenten des Kolonialen, auch wenn dies für einige durchaus galt. Der verbreitete Aphorismus, zuerst sei die Mission, dann der Handel, schließlich das Kanonenboot gekommen, ist aber vereinfacht wie das Bild, Expansion und Christianisierung hätten nahtlos ineinandergegriffen. Im südlichen Indien und im Sudan war das Christentum lange vor dem Empire präsent. In Sierra Leone und Jamaika kämpften Missionare für die Sklavenemanzipation. In der Kapkolonie wirkte mehr als 30 Jahre der Schotte John Philip im Einsatz für die Rechte der indigenen Bevölkerung. Als deshalb 1837 ein parlamentarischer Untersuchungsausschuss eingerichtet wurde, musste Gouverneur Benjamin D'Urban seinen Posten am Kap räumen. Zur Mitte des 19. Jahrhunderts verlagerte sich der Schwerpunkt der Missionen auf das westliche Afrika, vor allem in das heutige Ghana und an die Küste Nigerias. Die Missionare erwarben ähnlich wie die Forschungsreisenden ein genaues Wissen von den lokalen und regionalen Verhältnissen und Sprachen und verfügten wie David Livingstone oder Charles Helm über Kontakte, die sich Politik, Unternehmen und Medien zunutze machten. Auch Investoren wie Cecil Rhodes profitierten davon.

Doch konnte Missionaren von der Kolonialverwaltung auch der Zugang verwehrt werden, weil man ihnen unterstellte, sie würden einen anti-kolonialen Nationalismus fördern, indem sie Lesen und Schreiben unterrichteten. In ihrer Rolle einer philanthropischen Vormundschaft waren sie insbesondere bei den Siedlern unbeliebt, die die reformatorische Botschaft, die Bibel in die Hände aller Menschen zu legen, nicht akzeptierten. Auch wirkten im Empire nicht allein britische Missionare, so wie umgekehrt zahlreiche Briten in anderen Kolonialreichen arbeiteten. Eine Ausnahme hiervon bildete China, die unerfüllte Hoffnung der westlichen Missionare im 19. Jahrhundert. Am wenigsten Erfolg hatten sie in Südasien, wo sie vielmehr eine religiöse Wiederbelebung des Buddhismus, des Hinduismus und des Islam bewirkten. Zum Beispiel wäre es im seit 1824 militärisch eroberten und von Britisch-Indien verwalteten Burma zwecklos gewesen, den christlichen Glauben mit imperialer Autorität zu erzwingen. Überhaupt konnten den eigentlichen Erfolg religiöser Bekehrung nur die lokalen, indigenen Mitarbeiter der Missionen für sich in Anspruch nehmen, weniger die entsandten Missionare. Deren vermeintlicher Kulturimperialismus stieß frühzeitig an seine kulturellen Grenzen. Wurde das Christentum im Empire verbreitet, so dank einer gesteigerten, den Umständen geschuldeten Mobilität missionierter Wanderarbeiter.

Siedlungskolonialismus

Aus sozio-ökonomischen Gründen allein verließen die Auswanderer die britischen Inseln nicht, ebenso gut konnten sie ideologisch überzeugt werden. Unter den viel gelesenen Schriften dieser Zeit waren die Pamphlete von Edward Gibbon Wakefield (*A Letter from Sydney*, 1829; *A View of the Art of Colonization*, 1849), in denen ihr Autor für eine Besiedlung von Land warb und dabei das Colonial Office in die Pflicht nahm, zur Auswanderung zu motivieren und gleichzeitig den um sich greifenden Landspekulationen Einhalt zu gebieten. Es hatte nämlich ein regelrechter Landhunger eingesetzt, der die Aborigines und Maori brutal dezimierte und verdrängte und der, angefangen mit der Gründung von Küstensiedlungen wie z.B. Christchurch auf Neuseeland (1850), nur die Autoritäten der Monarchie und der Anglikanischen Kirche akzeptierte. Noch dramatischer als in Australien und Neuseeland verlief die vollständige Vernichtung der indigenen Bevölkerungen auf den erheblich kleineren Inseln Neufundland und Tasmanien.

Bis in die 1820er Jahre hatte das Empire eine global verstreute, von der Royal Navy zusammengehaltene und für ihr Überleben von dieser abhängige Anzahl von über 150 Marinebasen in Form von Inseln, Hafenstädten und kleineren Küstenregionen ausgebildet. Nun jedoch setzte eine Veränderung ein, die generell mit der Geschichte der «weißen» Siedlungskolonien identifiziert wird. Australien, wie es 1901 im Commonwealth of Australia vereint wurde, setzte sich aus New South Wales (1788), Tasmania (1825), Western Australia (1829), South Australia (1836), Victoria (1851) und Queensland (1859) zusammen. Neuseeland wurde 1840 in das Empire eingefügt. Das 1910 zusammengeschlossene Südafrika bestand aus der Kapkolonie (1795), Natal (1843), dem Orange Free State (1900) sowie Transvaal (1900). Kanada formierte 1867 eine Konföderation aus den Northwest Territories (1670) und den Provinzen Nova Scotia (1713), Prince Edward Island (1763), Canada East/Québec (1763), Canada West/Ontario (1763), Manitoba (1763), New Brunswick (1784) und British Columbia (1866). Diese Beispiele eint nicht nur, dass es ihnen früher als anderen Kolonien gelang, relative politische Autonomie zu erstreiten, sondern auch ihre Siedlermentalität. Ihr System basierte darauf, sich selbst allmählich einen Mehrheitsstatus zu verschaffen (in Kanada auf Kosten der First Nations), damit dieser normalisiert, indigenisiert, also gleichsam entkolonisiert wurde, um aus der Kolonie einen neuen Siedlerstaat zu gründen.

Diese «Anglo-World», die innerhalb einer Generation Städte wie Melbourne (1837) entstehen ließ, glich der Besiedlung des amerikanischen Westens, weil auch sie ein Siedlerboom antrieb, der Teil der sich stetig voranschiebenden Besiedlungsgrenze («Frontier») war. 1851 zählte Melbourne etwa 25 000 Einwohner, nur 40 Jahre später bereits eine halbe Million. Typisch für Australien wurde die Konzentration auf einige wenige Städte, in Melbourne lebte fast die Hälfte der Bevölkerung der Provinz Victoria. Sobald sich in diesem jungen urbanen Raum ein finanzielles und administratives Zentrum bildete, das zum Beispiel die Verwaltung der Zuckerrohrplantagen auf den Fidschi-Inseln übernahm, dezentralisierte sich das Empire Stück für Stück, und Australien schuf sich die zweifache Identität, sowohl angelsächsisch als auch neue Siedlernation zu sein.

Die Erschließung von angeblich unkultiviertem Land folgte einer sozio-ökonomischen Dynamik. Land zu besiedeln ging einher mit dem Selbstbild, dafür auserwählt zu sein, sowie mit der Voraussetzung, sozial, religiös und kulturell eine relativ homogene Gruppe zu bilden und Vorstellungen der Herkunftsgesellschaft zu tradieren. Prototypen von Siedlungskolonien wie im Vergleich das französische Algerien, das portugiesische Angola und das japanische Hokkaido definierten sich über ihren zivilisationsmissionarischen Überlegenheitsanspruch, einen als Pioniergeist verkauften privilegierten und heroisierten Individualismus und intensive Landwirtschaft. So entstanden die jeweiligen Mythen eines Exzeptionalismus.

Von der britischen Regierung war zugleich nicht viel Unterstützung zu erwarten, weder administrativ noch politisch. Die ungefähr 5000 englischen Siedler, die seit 1820 in die südafrikanische Kapkolonie kamen, waren im Unterschied zu den burischen Afrikaanern – Nachfahren niederländischer, Afrikaans sprechender Auswanderer, die sich seit 1652 am Kap niedergelassen hatten – stärker urban ausgerichtet. Sie prägten Kapstadt als ein modernes kommerzielles Zentrum, verbreiteten die englische Sprache, aber die heilsgeschichtliche Lebensphilosophie der burischen Farmer teilten sie nicht. Was Kanada anging, so zog keine Kolonie des Empire bis in die Mitte des 19. Jahrhunderts so viele Einwanderer an, insbesondere Schotten. Hinzu kam die relativ kurze Überfahrt, die das 1832 mit britischem Stadtrecht versehene Montreal besonders attraktiv machte. Emotional nicht zu unterschätzen war der Verbleib unter dem Union Jack, weshalb viele Emigranten zunächst nicht die USA bevorzugten. Obwohl das Colonial Land and Emigration Board (1840–1878) als Unterabteilung des Colonial Office eingerichtet wurde, um die Auswanderung nach Australien zu erleichtern, entschied sich die Mehrheit für die atlantische Perspektive, bis 1873 etwa zwei Drittel der 6,5 Millionen Auswanderer aus Großbritannien. Die Goldfunde verteilten die Gewichte dann neu.

Stabilitätssuche, Reform und Verwaltung

1849 wurde der symbolisch so relevante Punjab annektiert und Teil von Britisch-Indien. Man hielt sich durch die Expansion die Gewährleistung von Sicherheit und Frieden, Wohlstand und die Schaffung von Infrastruktur zugute. Nur sechs Jahre zuvor hatte Charles James Napier die nordwestindische Stadt Sindh erobert – exemplarisch für den Einfluss individueller Handlungsträger, die mit eigenmächtiger Ausdehnung des Einflussbereichs die Londoner Zentrale vor vollendete Tatsachen stellten. Sie befeuerten den Kolonialismus über kontinuierliche und willkürliche Grenzverschiebung («Turbulent Frontier») und legten zugleich offen, wie distanziert die Hauptstadt das Empire zu dieser Zeit betrieb. Macaulay und John Stuart Mill unterstützten die Auffassung, Stabilität werde über eine allmähliche Durchsetzung der englischen Sprache und des Rechtssystems errungen. Als Autor der wegweisenden Schrift *On Liberty* (1859), im gleichen Jahr erschienen wie Charles Darwins *On the Origin of Species*, Mitarbeiter der East India Company und Ratgeber des späteren liberalen Politikers Gladstone, erkannte Mill die Gratwanderung zwischen dem Verbot der Witwenverbrennung («Sati») im Jahr 1829 und dem Respekt für einflussreiche intellektuelle Hindus wie Ram Mohun Roy und dessen politische Reformbewegung Young Bengal. Für den Raj musste ein Mittelweg zwischen Modernisierung von innen und außen gefunden werden.

Ein anderes Konzept zur Festigung der Macht war «divide et impera». Teilend zu herrschen leitete sich aus militärischer und administrativer Fragilität ab. Zum Beispiel bestand erst seit 1787 ein dauerhafter Zugriff auf Westafrika über Sierra Leone, das 1808 Kolonie wurde. Nach dem zumindest offiziellen Ende des Sklavenhandels mussten sich die afrikanischen Küstengesellschaften der Fanti sowie die in das Inland hinein Handel treibenden Asanti grundlegend auf die neuen Verhältnisse umstellen. Die Fanti hatten sich mit den Portugiesen, später den Niederländern und dann den Engländern arrangiert und ihre ökonomische Stärke in politische Tugend überführt. Ihren Konflikt mit den Asanti machte sich das Empire wiederum zunutze, als es zum einen das lukrative Palmöl über den Niger zum Golf von Guinea schiffte und von dort weltweit vertrieb und zum anderen mit den Kriegsparteien jeweils individuelle Verträge abschloss. Nur der Zuschnitt auf Einzelinteressen erlaubte den Zugriff auf die Gesamtperspektive.

Aus diesem Grund lassen sich die 1830er bis 1850er Jahre als eine Phase der Stabilitätssuche und Ordnung der imperialen Herrschaftsräume erfassen. Als nach langwierigen politischen Auseinandersetzungen 1846 die Korngesetze von der Regierung Peel abgeschafft wurden mit der Folge, dass Getreide aus der ganzen Welt zollfrei nach Großbritannien eingeführt werden durfte, so war dies zwar eine Niederlage der Konservativen und führte zu deren Spaltung, aber insbesondere ein Sieg des Freihandels. Getreideexportierende Kolonien wie Kanada konnten angesichts des Endes der Navigation Acts aufatmen. Es war nur eine Frage der Zeit, dass Kolonialminister Lord Grey den kanadischen Autonomiebestrebungen Verständnis entgegenbrachte. Wegen der Ausmaße der Rebellionen von Separatistenführer Louis-Joseph Papineau in Montreal (1837) und William Mackenzie in Toronto (1838) verfügte er aber kaum über Spielraum. Weil Mackenzie, der Gründer der Zeitung *Colonial Advocate* und radikale Kämpfer gegen Ungerechtigkeit, Londons Aufmerksamkeit auf die koloniale Situation in Kanada lenkte, kam der Bericht von Lord Durham zustande, der zur Abwehr einer franko-kanadischen Abtrennung wie auch des US-amerikanischen Expansionsstrebens nach Norden eine Vereinigung aller kanadischen Provinzen und die Neuorganisation der Kolonialverwaltung empfahl: *Report on the Affairs of British North America* (1839). Das Prinzip der eigenverantwortlichen Lokalregierung («responsible government») war deshalb entwickelt worden. Ein von der Krone eingesetzter Gouverneur und eine teils nominierte, teils gewählte Legislative teilten sich die politische Macht. Der Durham-Report wurde im Laufe des 19. Jahrhunderts zu *dem* Referenztext, eine Art Magna Carta der Reformfähigkeit des Empire. Der British North America Act (1867) richtete dann den neuen Staatenbund ein, der den Grundsatz der allein von London ausgeübten imperialen Souveränität revolutionierte.

Vieles hing von den Gouverneuren ab. Bevor er nach Kanada kam (1847–1854), war Lord Elgin Gouverneur Jamaikas gewesen, am Ende seiner Laufbahn war er in Indien (1862/63). Schon sein Vater, seinerzeit Botschafter im Osmanischen Reich, hatte zweifelhaften Ruhm erworben, als er Marmorskulpturen und

-fragmente von der Akropolis (Athen) an das British Museum verkaufte (1816). Als britischer Generalbevollmächtigter für China und den Fernen Osten gelangte der Sohn während des zweiten Opiumkrieges 1860 ebenfalls zu trauriger Berühmtheit, als er die Zerstörung des unschätzbar wertvollen Alten Sommerpalastes in Peking anordnete. Elgin ließ diesen an Versailles angelehnten Prachtbau mit reichen Bibliotheken und Kunstsammlungen komplett verwüsten und plündern, weil der chinesische Kaiser zuvor 20 Gefangene hatte hinrichten lassen.

Im gleichen Jahr schloss er die Halbinsel Kowloon dem von den Briten seit 1842 in Anspruch genommenen Hongkong an. 1898 pachtete Großbritannien dann für 99 Jahre die «New Territories» von China und erweiterte die Stadt dadurch nochmals um das Zwölffache ihrer Größe. Davon ausgehend, dass der sich in Hongkong nach den Opiumkriegen durchsetzende Finanzimperialismus selbst nach einer Rückgabe an China sich würde halten können, verkörperte diese Kolonie viel Optimismus in das System des Empire, jedenfalls in das seiner Kronkolonien. Kronkolonien (seit 1981 «British Dependent Territories») wie Hongkong, Singapur und Malta genossen stets einen privilegierten Status.

Bis Mitte des 19. Jahrhunderts wurde die Administration des Colonial Office mit fünf Abteilungen (General, North America, West Indies, Australia, Africa/Mediterranean) zunehmend professionalisiert. Seit 1854 gab es einen Colonial Secretary (bis 1966); die Zahl der Londoner Beamten hatte sich von 17 (1812) und 29 (1849) auf lediglich 33 (1900) erhöht und wuchs erst in der Zwischenkriegszeit auf über 430 an. Damit spiegelte die Behörde das Idealbild vom Empire als einer möglichsten schlanken, kostengünstigen Einrichtung. Nach und nach war es in endogene Dynamiken der Ausdehnung und zugleich inneren Verdichtung eingetreten. Grey, dem der Vorwurf gemacht wurde, er habe Australien wenig geschätzt, weil dorthin zwischen 1790 und 1868 über 160 000 britische Strafgefangene verschifft worden waren, wollte den Kontinent ähnlich wie das britische Nordamerika in eine Föderation überführen. Man versprach sich von der Kohärenz mehr Stabilität sowie mehr Durchsetzungskraft gegenüber den indigenen Bevölkerungen. Eine vergleichbare Politik hatten Frankreich in Französisch-Guayana und Russland in Sibirien verfolgt. Ob die Kolonien dazu in der Lage waren, für ihren eigenen Schutz zu sorgen, war eine andere Frage. Darauf bezog sich Benjamin Disraelis Aussage von 1851, er halte sie für «Mühlsteine um unseren Hals». Die Realität traf dies nicht.

Unsicherheiten

Unsicherheitsfaktoren ganz anderer Natur waren Hungerkatastrophen. In Bengalen 1860/61, 1874, 1877, 1896/97 und 1900 forderten allein die beiden letztgenannten über sechs Millionen Menschenleben. Rechnet man die geschätzten 200 000 Opfer des Zyklons von Bengalen 1876 hinzu, so war der Tod ein täglicher Begleiter, dem die Kolonialverwaltung nichts entgegenzusetzen hatte. Innerhalb weniger Jahre starben im Irischen «Famine» 1845–1849 mindestens eine Million an Cholera und an Hunger, fast 850 000 Menschen erhielten Armenunterstützung. Mindestens ebenso viele emigrierten bis 1851 in die USA, eine Größenordnung, die sich in den folgenden Jahrzehnten fortsetzte. Charles Edward Trevelyan vom Schatzamt, der spätere Gouverneur von Madras, behandelte die Nachbarinsel als kolonialen Besitz der Briten. Ihre landwirtschaftliche Produktionskraft hatte der industriellen Englands zu dienen.

Die europäischen Städte litten nicht weniger als die nichteuropäischen Kolonien unter Epidemien. Es war das Jahrhundert der Cholera (1817 in Indien, seit 1829 in Europa), der regelmäßig politische Unruhen und Lynchmorde folgten, weil man Sündenböcke für die Gewaltausbrüche und Krankheiten suchte. Falschinformationen oder Schreckensmeldungen aus anderen Weltteilen schürten Ängste, Krankheitserreger verbreiteten sich Hand in Hand. Da man sie genauso wenig wie die Massenfluchten in den Griff bekam, wurden solche transnationalen Phänomene zu ernsthaften Krisen des imperialen Systems. Herrschaftswissen («colonial knowledge») sollte dem entgegenwirken. Bei Seuchen waren die menschlichen Handlungsspielräume zwar ausdrücklich begrenzt, doch daraus resultierten neue Methoden, die angebliche Differenzen zwischen den Menschen über einen biologistischen Rassismus nährten. Es entwickelte sich im Empire ein polizeiliches Informantennetz, das außerdem die Beaufsichtigung anti-kolonialer Bewegungen übernahm.

1848 war *das* Jahr der europäischen Revolutionen mit globalen Folgen. Um die Gefahr durch britische Revolutionäre zu Hause abzuwehren, wurden sie nach Australien und in die Kapkolonie verschickt, was dort verbreitet für Proteste sorgte. Jamaika, Britisch-Guayana und die anderen Zucker produzierenden Kolonien hatten bislang vom empireweiten Zollschutz profitiert, dessen Aufhebung nun vielfach Aufruhr hervorrief. Ceylon, seit 1795 durch die East India Company besetzt und seit 1815 Kolonie, stellte in dieser revolutionären Kernphase einen besonderen Fall dar, als die Eintreibung von Steuern revolutionsartige Protestbewegungen von über 60000 Bauern auslöste. Oftmals mit einem genuinen Bauernaufstand gleichgesetzt, schuf sich die Matale Rebellion vom Juli 1848 mangels einer vorhandenen politischen Führung kurzerhand im Revolutionsführer Gongalegoda Banda eine neue, die sich gegen den britischen Gouverneur Lord Torrington aufstellte.

Einen Hintergrund für diese Ereignisse bildete unter anderem die Einführung des Kaffeeanbaus auf Ceylon seit 1826, nachdem dieser durch das Verbot der Sklaverei auf den westindischen Inseln nicht mehr lukrativ genug war, auf Ceylon aber mit Hilfe der südindischen Tamilen als Kontraktarbeiter neue wirtschaftliche Optionen eröffnete. Tee und Kautschuk waren die anderen wichtigsten Naturprodukte der Insel. Die fast gänzlich entrechteten indischen Arbeiter starben zu Zehntausenden auf den Plantagen, während der Verkauf des Kaffees dank der Abschaffung der Ausfuhrsteuer angekurbelt wurde. Erwartungsgemäß schlugen die Briten den Aufstand schnell nieder. Erneut hatten sie bewiesen, wie der Verlust eines alten Systems (Sklavenarbeit) durch ein anderes (Kontraktarbeit) ersetzt werden konnte. Verhindern konnte jedoch selbst ein Weltreich nicht, dass 1870 eine Pilzkrankheit den gesamten Kaffee Ceylons vernichtete.

Kultur und Empire

1851 war der Moment, in dem London als Metropole des Empire mit der *Great Exhibition* die Aufmerksamkeit der Welt auf sich zog. Selten äußerten sich Fortschrittsglauben und Technikbegeisterung so manifest wie hier. Der britische Unternehmer Thomas Cook gründete 1845 in Leicester das erste Reisebüro und begann, Pauschalreisen zu veranstalten, bei denen Unterkunft, Eintritt und die Eisenbahnfahrt nach London eingeschlossen waren. Später weitete er sein Unternehmen auf den Betrieb von Hotels, Bergbahnen, Banken und das Verlegen von Reiseführern aus. Das war der Beginn des Massentourismus, den Cook als Erster nach Ägypten führte.

Das Ausstellungspalais, der Kristallpalast im Hyde Park, war nicht zufällig 1851 Fuß breit und nahm siebenmal so viel Grundfläche ein wie St. Paul's Cathedral. Mittelalterliche Gralsmythologie schwang in diesem transparenten Überschrein mit, der die Güter der Welt ausbreitete wie Heiligtümer der neuen Zeit, gegliedert in vier Gruppen und 30 Abteilungen. Europäische und nicht-europäische Aussteller mussten sich allerdings mit einigen Quadratmetern in der östlichen Gebäudehälfte begnügen, Großbritannien und sein Empire hatten Vorrang. Der gelernte Gärtner und Gewächshausbauer Joseph Paxton zeichnete den Entwurf für den Kristallpalast. Das Paradies, wie es Albert, Prinzgemahl Königin Viktorias und treibende Kraft hinter der Ausstellung, vorsah, bezog außerdem die Natur mit ein und inszenierte diese. Die Zurschaustellung von Exponaten aller Kontinente war eine Welt im Kleinen. Schon drei Jahre nach Ausstellungsschluss wurde das Gebäude demontiert und im Süden Londons (Sydenham) wieder aufgebaut, wo es 1936 abbrannte. 1857 wurde Händels Oratorium *Der Messias* mit 2765 Sängern und 457 Musikern in dieser Stätte spektakulärer Ereignisse aufgeführt. 1872 hielt Disraeli dort seine berühmte Rede, in der er die zentrale Bedeutung des Empire für die politische Idee des Konservativismus ausbreitete.

Auch die Weltausstellung war eine Sache privater Initiative, basierend auf der viktorianischen Überzeugung, direkte staatliche Beteiligung möglichst auszuschließen. Henry Cole, Prinz Alberts rechte Hand, wies mit Stolz darauf hin, dass keine gesonderten Steuern erhoben worden waren. Im Gegenteil spielte man einen ungefähren Reingewinn von 200 000 Pfund ein, seinerzeit eine unvorstellbare Summe. Albert schlug vor, mit dem Geld Land in South Kensington zu erwerben und dort Museen und Colleges zu erbauen, die den Geist der Ausstellung fortführen sollten. So entstand «Albertopolis»: das Science Museum, das Natural History Museum, das Victoria & Albert Museum. Wissenschaft, Industrie, Empire, Monarchie, Erziehung, Kunst und Gewerbe, nationale Identität – sie alle wurden auf einen Punkt gebracht. Das war eine Antwort Großbritanniens auf die Frage, wie der Imperialismus sich feiern ließ.

Kommerzielle Interessen waren nicht von der Hand zu weisen, außerdem die Präsentation von Liberalismus und Freihandel, die Idee eines evolutionären Zivilisationsfortschritts, der Vergleich neuester industrieller Entwicklungen, die Konkurrenz um kulturelle Hegemonie, die Aussagekraft des Völkerfriedens, die Konstruktion von Mittlerfunktionen zwischen Okzident und Orient. Daran knüpften auch die im viktorianischen Zeitalter populären Kolonialausstellungen mit ihren «Völkerschauen», die westliche Stereotype über das «Fremde» visualisierten. Sie waren hochgradig ambivalent, wie die Beispiele Australiens oder Kanadas zeigen. Deren indigene Bevölkerungen wurden in ethnischen Dörfern gezeigt. Das konnte wie eine exotische Folklore die zivilisatorischen Errungenschaften des Westens demonstrieren und Neugier wecken, es war ein Plädoyer für die Anthropologie und Ethnologie, die mit imperialer Macht und Rassenlehre ein Bündnis eingingen. Die *Great Exhibition* bediente ein Forum für den Kulturtransfer und internationale Maßstäbe. Die Briten wollten sich den französischen Geschmack zu Eigen machen, die Franzosen die Qualität britischer Fabriken. Ihre beiden Hauptstädte konkurrierten kontinuierlich miteinander, Paris lud noch im gleichen Jahr zur ersten Internationalen Gesundheitskonferenz ein.

Hongkong 1842

Ob Kapstadt, Kuala Lumpur oder Kalkutta; Boston, Bridgetown oder Bombay; Dublin, Liverpool oder Glasgow: Hafenstädte tragen das urbane Erbe des Empire bis in die Gegenwart fort, sein architektonisches Gewebe mit Zollämtern und Gouverneurspalästen, Gerichten, Kirchen, Bahnhöfen, Uhrentürmen, Denkmälern, Triumphbögen und Prachtstraßen. Ihre Baustile und Strukturen reflektieren die Signaturen der jeweiligen Epochen des Empire, für die diese Städte repräsentativ sind. Sie sind verdichtete Kontakt- und Kulturräume zwischen Land und Meer, Räume für die globalen Lebenswelten der Seeleute, Dockarbeiter und Händler, aber auch der Tiere, Waren und Ideen, die an der Mobilität in den maritimen Welten teilhatten. Koloniale Stadtplaner haben sie als urbane Räume der Segregation geschaffen, in denen die Menschen streng voneinander getrennte Stadtgesellschaften formten. Dem Sport und dem Clubleben maßen die herrschenden Schichten in den Kolonialstädten viel Bedeutung bei.

Immer schon waren Hafenstädte Orte des Handels mit Rohstoffen, des Schmuggels von Waffen und Drogen, des Menschenhandels und der Prostitution. Befördert wurde dieser Prozess durch die moderne Dampfschifffahrt nach 1840 und die Telegrafenverbindungen. Ebenso konnten Hafenstädte neue Grenzen schaffen, den Zu- und Abgang kontrollieren, Passierscheine ausstellen oder verweigern, und sie konnten Orte der Quarantäne sein, um die Ausbreitung und Verschleppung von Infektionsherden zu verhindern. Mobilität und Zirkulation konnten innerhalb wie außerhalb des Empire eingehegt werden, es stellte daher *auch* die Kehrseiten von Mobilitätsdynamiken dar.

Hafenstädte als Schnittstellen für und gegen globale Verflechtungsprozesse waren konstitutiv für (Arbeits-)Migration und Diaspora und repräsentativ für sowohl kosmopolitische Kontaktzonen als auch die Durchdringung des sie umgebenden ruralen Raums. Weil sie aufeinander angewiesen waren, waren Häfen und Bahnhöfe häufig eng miteinander vernetzt. Wenn Menschen aufeinandertrafen, so ebenfalls ihre religiösen Praktiken,

Sprachen, ihre Vorstellungen von Bekleidung und Ernährung, von Geschlechterbeziehungen und von Arbeitsverhältnissen. Sich radikalisierende anti-koloniale Spannungen wurden in Häfen ausgetragen. Die Mobilität der sogenannten Subalternen zwischen Indien, China und Mauritius hat Amitav Ghosh in seiner *Ibis*-Romantrilogie (2008–2015) am Beispiel des von der East India Company betriebenen Opiumhandels geschildert.

Diese Merkmale einer Hafenstadt sind für Hongkong seit den Opiumkriegen (1839–1842, 1856–1860) ausgesprochen passend. Die Kriege waren geführt worden, um Chinas Öffnung für den britischen Außenhandel zu erzwingen und das Defizit zu senken, das durch den chinesischen Export von Seide, Tee und Porzellan nach Großbritannien entstanden war und lediglich mit Silber gedeckt wurde. Die Einfuhr des in Bengalen und Bihar produzierten Opiums nach China schuf dort schwerwiegende soziale Probleme. Opiumschiffe («clipper») verkehrten zwischen Kalkutta und Kanton (Guangzhou) und transportierten auf ihrem Rückweg Tee für den britischen Markt. Allein im Jahr 1820 setzte die East India Company fast 425 000 Opiumkisten um.

Als China 1839 den Briten ein Handelsembargo auferlegte und im Hafen von Kanton die Drogen zerstören ließ, kam es zum Krieg, zumal London scheute, den Opiumhändlern Entschädigungen für ihre Verluste zu zahlen. Das orthodoxe Prinzip der Kanonenbootdiplomatie vertrug sich gut mit dem flexiblen Freihandelsprinzip. Disraeli beschrieb in seinem Roman *Sybil, or, The Two Nations* (1845), wie Kaufleute wie William Jardine und James Matheson, die in China unermessliche Reichtümer erwirtschaftet hatten, als spätere Parlamentarier in Westminster die Korruption anklagten. Im Vertrag von Nanking musste China 1842 den Opiumhandel wieder zulassen und Hongkong an Großbritannien abtreten, das zu einer Kronkolonie wurde. Der zweite Opiumkrieg, an dem Frankreich sich beteiligte, hatte mit den Verträgen von Tianjin und Peking die Angliederung von Kowloon und Stonecutters Island an Hongkong, die Zwangsöffnung weiterer Häfen, die Professionalisierung und Legalisierung des Opiumhandels, Bewegungsfreiheit für westliche Missionare und sehr hohe Entschädigungen in Silber zur Folge, abgesehen von der lange anhaltenden Erniedrigung der Qing-Dynastie durch den Westen. Noch bis 1910 war China gezwungen, jährlich Opium im Wert von 7,5 Millionen Pfund aus Indien zu importieren.

Neben Singapur und Shanghai wuchs Hongkong zügig zu einem der wichtigsten asiatischen Knotenpunkte für die internationalen Finanzmärkte auf. Der transpazifische Verkehr ging nach Yokohama und San Francisco. Die kalifornische Metropole war auf vielfältige Weise mit Hongkong verflochten, weil sich Hongkong für die chinesischen Wanderarbeiter («Kulis»), die weltweit «Chinatowns» gründeten, zum bedeutendsten Auswandererhafen entwickelte. Im Laufe der Zeit bildeten sich multiethnische und multireligiöse Familien. Als asiatische Metropole der Weltwirtschaft und als Zentrum chinesischer Migrationsnetzwerke hatte Hongkong die Grundlagen für eine *boom town* gelegt. 1920 besaß es den drittgrößten Handelshafen des Empire, 2020 wurde seine Demokratiebewegung von China mit aller Gewalt unterdrückt.

6. Gold in Australien und Massaker in Amritsar, 1851–1919

Im Jahr 1851 brach in Australien ein Goldrausch aus. Wie beim kalifornischen Goldgräberfieber nur zwei Jahre zuvor und dem Gold- und Diamantenrausch im südafrikanischen Witwatersrand nach 1886 setzte eine große Aufbruchsstimmung ein. Charles Dickens hat ihre Charaktere in seinen Bildungsromanen *David Copperfield* (1849/50) und *Great Expectations* (1861) gezeichnet. Die ersten Goldfunde des Engländers Edward Hammond Hargraves in Bathurst in New South Wales und bald darauf in Victoria hatten innerhalb nur weniger Jahre eine Bevölkerungsverdoppelung Australiens auf über eine Million Menschen zur Konsequenz. Goldgräberstädte wie Ballarat und Bendigo wuchsen rasant, hier fand 1854 ein Aufstand der Goldsucher statt (Eureka Stockade). Victoria wurde zur reichsten Provinz und zum politischen und ökonomischen Zentrum.

Land

Ob Australien sich als Kontinent der Hoffnung herausstellen würde, blieb abzuwarten. Der Zustrom von Strafgefangenen nahm mit der Reformierung des britischen Strafvollzugs und des empireweiten Baus von Gefängnissen nach dem Muster des Londoner Pentonville Prison (1842) ab. Proportional zu ihrem Rückgang nahm jedoch allmählich die Zahl der Immigranten zu, die zum Großteil aus Irland stammten. Sie lag seit den 1840er Jahren bei etwa 15 000 jährlich. Wenn es nicht vom Gold angelockte Abenteurer waren, versuchten sie sich in der Schafzucht. Die Hälfte seines Wollbedarfs, etwa 40 Millionen Pfund, bezog Großbritannien um 1850 aus Australien. Banken der Londoner City förderten diese Entwicklung mit Darlehen für den Landerwerb. Selbstverständlich war dies allerdings nicht, weil die britische Krone für sich in Anspruch nahm, die einzige rechtmäßige Besitzerin ganz Australiens zu sein. Wie bei den Minenarbeitern, die das Gold für sich reklamierten, brachen auch bei den kostenloses Land beanspruchenden Schafzüchtern anti-monarchische, von der Kolonialpolizei bekämpfte Revolten aus. Ihr irisch-katholischer, teils radikaler Hintergrund erlaubte es ihnen, sich mit der Expansion zu identifizieren bei gleichzeitiger Ablehnung der Monarchie. In Australien entwickelte sich diese Schicht, die sich das koloniale Hinterland aneignete, zur führenden gesellschaftlichen und politischen Kraft. Sie verglich sich mit den wohlhabenden Plantagenbesitzern der britischen Karibik der Vormoderne. Doch deren soziale Kohärenz war nicht reproduzierbar.

Auch der Reichtum Südafrikas bestand in seinem fruchtbaren Land und seinen Viehherden, zudem in der strategischen Schlüssellage des Kaps und den klimatisch günstigen Küsten für den Wein- und Obstanbau. Die Spannungen zwischen den burischen Südafrikanern, die, ob dem Transvaal oder der Orange River

Republic zugehörig, über den «Groote Trek» Richtung Norden zogen, und den britischen Siedlern nahmen trotz zweier Friedensjahrzehnte nicht ab. Der südafrikanische Politiker Percy Fitz-Patrick veranschaulichte sie in seinem beliebten Kinderbuch *Jock of the Bushveld* (1907) nachdrücklich, eine Hommage an das Land und das steppenartige Feld. Die Konflikte mit den indigenen Xhosa und Khoikhoi aber, die sich bis 1879 in neun Grenzkriegen entluden, sowie den Zulus, an deren Ende die Einverleibung des Zululands in das Empire stand, legten den für Südafrika eigentümlichen Rassismus und die genuine Gewalt offen.

Indien

In der zweiten Jahrhunderthälfte häuften sich brutale Niederschlagungen von Rebellionen und zahllose Kolonialkriege bestimmten den Alltag. Am Anfang stand der Sepoy-Aufstand von 1857 in Indien. Er fiel in eine Phase allmählicher Modernisierung des Subkontinents durch deutlich verbesserte Kommunikationsmittel wie den Telegrafen, ein dichtes und vereinheitlichtes Postsystem und den Ausbau der Eisenbahn, der beschleunigtes Reisen zwischen Kalkutta und Bombay, Madras und Delhi ermöglichte. Über 5000 Meilen Bahnlinien wurden allein in den 1860er Jahren in Indien verlegt. Die koloniale Herrschaft manifestierte sich in der Verbesserung und Kontrolle der Infrastruktur. Menschen, Waren und Informationen waren mehr und mehr unterwegs und die Bahnhöfe wurden zu Kathedralen ihrer Verknüpfungspunkte. Generalgouverneur Lord Dalhousie glaubte an die Wirkung der kolonialen Zivilisierungsmission durch technische Innovationen, weshalb für die unter britischer Oberherrschaft stehende indische Armee modernere Gewehre angeschafft wurden. Ihre bemerkenswerteste Eigenschaft lag darin, Hindus und Muslime unter einem Oberbefehl zu vereinen, was angesichts der Erweiterung des Empire um Burma im Kontext der drei Anglo-Burmesischen Kriege (1824–1885) nicht ohne Bedenken blieb. Siam blieb als nicht-kolonisierter Pufferstaat zwischen den britischen Interessenssphären und den französischen in Indochina neutral und unabhängig.

Als die Armee mit Schweine- und Rinderfett gewachste Gewehrpatronen einführte, verursachte dies große Empörung. Im Mai 1857 kam es zu einem blutigen Aufstand in Meerut nahe Delhi. Die junge, bis heute als indische Nationalheldin verehrte Lakshmibai, die Rani von Jhansi, spielte dabei eine Schlüsselrolle. Sie stellte sich an die Spitze der Aufständischen und wurde im Gefecht getötet. Die Sepoys, die indischen Soldaten der britischen Armee, dominierten zwar zunächst und konnten den ehemaligen Mogulherrscher Bahadur Shar im von ihnen belagerten Delhi kurzzeitig wieder installieren. Die Rebellion blieb jedoch auf den Norden Indiens beschränkt, und während die Residenz in Lucknow verteidigt werden konnte, wurde dieses erste Erstarken des indischen Nationalismus bald im Keim erstickt. Eine Folge war die stufenweise Verdrängung der Muslime aus Indien, die sich, nach dem Verlust der Autorität des Mogulreichs, langfristig zum osmanischen Sultan als politischem und religiösem Oberhaupt orientierten. Für das Empire barg eine pan-islamische Bewegung in Asien jedoch unvorhersehbare Gefahren. Karl Marx hatte den indischen Entwicklungen seit 1853 viel Beachtung geschenkt und sie für die *New York Daily Tribune* kommentiert. In seinen Augen verschmolzen sie soziale und religiöse mit anti-kolonialen Elementen.

Indien wurde nun direkt unter die Herrschaft der Krone gestellt, vertreten durch einen Vizekönig und finanziert mit indischen Steuern. Die Ostindienkompanie war entmachtet. Um weiteren Konflikten vorzubeugen, erklärte Königin Viktoria, die 1876 zur Kaiserin Indiens gekrönt wurde, allen Indern freien Zugang zur mächtigen Beamtenschaft, dem Indian Civil Service. Sollte ihre Herrschaft stabil bleiben, musste sie sich der Einbindung der lokalen Eliten versichern. Vizekönige der nächsten Generationen behielten diese Maxime im Auge, zumal durch das russische Zarenreich eine konstante Gefahr über Afghanistan und das nordwestliche Grenzgebiet drohte. Sie taten dies mit mehr oder weniger diplomatischem Geschick, Lord Lytton ist hierfür ein eindringliches Beispiel. Wenn der Zar einen Gesandten an den Kabuler Hof des Emirs schickte, bestand Lytton darauf, es ihm gleichzutun. In das Vokabular des Empire bürgerte sich der Begriff des «Great Game» ein, der auf den Schriftsteller Rudyard Kipling zurückgeht. Der anglo-russische Konflikt entlud sich zwar nach dem Krim-Krieg in keinem direkten Krieg mehr und ihn zu deeskalieren bildete eine beachtliche Herausforderung. Dennoch wurde Afghanistan zum instabilsten und explosivsten Pulverfass der Region. Vor diesem Hintergrund war es riskant, die indischen Fürsten langfristig in die Kolonialverwaltung zu integrieren, erfolgversprechender dagegen, sie kurzfristig in Symbolpolitik einzubinden. Viktorias Kaiserkrönung in Erbfolge der Mogulherrscher, als leiste dies Gewähr für Kontinuität und Sicherheit, war Teil dieser Strategie.

Wahrnehmung der kolonialen Welt

Unterdessen hatten die westindischen Zuckerinseln wirtschaftlich eingebüßt. Die politische Macht ruhte in den Händen der großen Plantagenbesitzer. Auf Initiative von George William Gordon wurde auf Jamaika 1865 eine Freiheitsbewegung geboren, aus der sich sehr bald eine Revolte gegen die Willkürherrschaft Gouverneur Edward John Eyres entwickelte. Gordons Hinrichtung und die Niederschlagung der Morant Bay Rebellion, für die Eyre das Kriegsrecht einsetzte, riefen in Großbritannien eine heftige Debatte zwischen Befürwortern und Kritikern des Kolonialismus hervor. Auf die eine Seite schlugen sich der Autor Charles Kingsley, der Sozialreformer John Ruskin und der Dichter Alfred Tennyson, auf der der Kritiker standen der Philosoph Herbert Spencer und der Naturforscher Thomas Huxley. Im Kern ging es um die Frage der Rechtmäßigkeit der kolonialen Expansion und der Angemessenheit imperialer Herrschaft. Im Hochviktorianismus breitete sich zugleich der Sozialdarwinismus durch den Schriftsteller Thomas Carlyle aus. Seine Kontroverse mit Mill über die «Negro Question» wirft ein Licht auf die sich langsam polarisierende Einstellung der gebildeten Öffentlichkeit zum Kolonialismus. Entweder man verteidigte ihn als elementaren Bestandteil der Nation, oder man äußerte, ohne ihn rundum abzulehnen, situationsbedingt Kritik, wo er mit dem Freiheitsbegriff der Nation in Konflikt geriet.

Mit dem Einfluss der Printmedien hing es zusammen, dass über Forschungsreisen wie zum Beispiel die des schottischen Missionars Livingstone so ausführlich berichtet wurde. Diese wie die gleichermaßen journalistisch vermarktete Erforschung des Viktoriasees durch John Speke, der den See als Quelle des Nils vermutete, waren wie positive Gegengeschichten zu derjenigen von Eyre. Noch bevor Henry Morton Stanley den seit zwei Jahren verschollen geglaubten Afrikareisenden im November 1871 in Ujiji im westlichen Tansania traf, hatte Livingstone das viktorianische Afrikabild geprägt. Unter anderem veröffentlichte er *Missionary travels and researches in South Africa* (1857). In einer Kombination aus christlicher Missionierungsüberzeugung und weltlichem Forscherdrang suchte er die Nilquellen und gelangte an den Tanganjikasee.

Livingstone war die Verkörperung eines Propagandisten «westlicher» Werte in der nicht-westlichen Welt, ausgerüstet mit einem Programm, das zum Selbstbild des Imperiums passte wie sein Staatsbegräbnis in Westminster Abbey. Während Livingstone in Ostafrika der nach wie vor blühende arabische Sklavenhandel begegnete, hielt sich das offizielle London mit Protest, überhaupt mit Interesse am «dunklen Kontinent» noch auffallend zurück. Lediglich Lagos war als westafrikanischer Stützpunkt 1851 eingenommen, doch weiterhin von Sierra Leone aus verwaltet worden, bis es zehn Jahre später förmlich annektiert wurde. Die Royal Niger Company machte ihre Geschäfte mit Palmöl. Das Parlament in Westminster benötigte dagegen bis 1900, um Nigeria administrativ zu einen, was in religiöser Hinsicht nicht gelang, denn die Spaltung in einen islamischen Norden und einen christianisierten Süden setzte sich fort.

Zur gleichen Zeit hatten es britische Missionare und Handeltreibende in China – trotz des allenthalben erinnerten, gescheiterten Versuchs Lord Macartneys, den chinesischen Kaiser für Handelsbeziehungen zu gewinnen (1793), sowie der abgewiesenen Gesandtschaft von Lord Amherst (1816) – nicht aufgegeben, sich diesen riesigen Markt anzueignen. Territoriale Ansprüche in einem über Hafenstädte hinausgehenden Ausmaß stellten sie freilich nicht. Der mit Außenminister Lord Palmerston (1847–1865) assoziierte Freihandelsimperialismus war auf offene Märkte angewiesen, der Wohlstand der Nationen auf transnationalen Handel.

Die ambivalente Grundbedeutung, die der Imperialismusbegriff noch bis in die 1870er Jahre besaß, hing mit dessen Gleichsetzung mit dem konkurrierenden französischen Kolonialreich zusammen. Als 1864 die 1809 eroberten Ionischen Inseln an Griechenland fielen, sollte damit signalisiert werden, dass man nicht an Territorien festhalten wollte, wenn dies weder historisch noch politisch oder ökonomisch gerechtfertigt schien. Nach wie vor hatte kein Prinzip höhere Priorität als das der Abwägung zwischen den finanziellen Kosten des Kolonialismus und seinem Nutzen. Je weniger Kosten er verursachte, desto weniger begegneten ihm Parlament oder Schatzkanzler mit Widerstand. Radikale Pazifisten wie Richard Cobden und John Bright forderten konsequent die Emanzipation der Kolonien.

Kräftefelder der Expansion

Die Royal Navy, die seit den 1860er Jahren von Segel- auf Dampfschiffe umrüstete, genoss hohes Ansehen. Ihr im Naval Defence Act (1889) festgeschriebener Status sollte ihr größere Schlagkraft garantieren, als sie die Flotten der beiden nächstrangigen Seemächte zusammengenommen hätten. Das war eine gewichtige finanzielle Verpflichtung. Unmöglich kalkulierbare Prestigeprojekte wie der Bau des Suezkanals ab 1859 wurden daher mit Vorsicht verfolgt. Das Kanalprojekt erlaubte den Zugriff auf Ägypten und verkürzte den Seeweg nach Indien um zwei Monate. Aber es rechnete sich für die Briten nur, weil sie sich wie der spätere Premierminister Gladstone mit gewinnträchtigen Aktienkäufen beteiligten und es den ihnen politisch wichtigen Modernisierungsansprüchen des ägyptischen Khediven Ismail entgegenkam. Dieser zog Vorteil aus dem Baumwollboom, der durch den Amerikanischen Bürgerkrieg ausgelöst wurde, als amerikanische Baumwolle international nicht erhältlich war. Den faktischen Staatsbankrott Ägyptens von 1875 verhinderte dies aber nicht. So verschränkten sich verschiedene

Interessenlagen, von denen in der Summe Großbritannien profitierte, das die Finanzaufsicht über Ägypten ergriff, wenn damit auch das Schifffahrts- und Handelsroutenmonopol der Kapkolonie wegbrach. Das kam nicht völlig überraschend. Andere Monopole wie die jahrhundertealten der Handelskompanien gehörten bald ebenfalls der Vergangenheit an.

Bis zum Südafrikanischen Krieg (1899–1902) bewegte sich der britische Imperialismus in fünf parallelen Kräftefeldern fort. Angetrieben wurde er *erstens* von den kapitalistischen Interessen der Londoner Hochfinanz. Industrie, Handel und Gewerbe sicherten sich die privilegierten Zugänge zu kolonialen Rohstoffen und Absatzmärkten gleichermaßen wie wissenschaftliche und kulturelle Einrichtungen, die Medien, die Literatur und die Künste die Expansion zu ihrem Vorteil begriffen. Im Zentrum London befanden sich außerdem das Herz der Anglikanischen Kirche, die Monarchie und der Adel, der seine Söhne in Führungsfunktionen des Empire unterbrachte, und das Großbürgertum genoss dort in Regierung und Parlament, in Clubs und Gesellschaften direkten Zugang zu Informationen jeglicher Art. Andere soziale Schichten bis hin zur Arbeiterschaft begeisterten sich ebenfalls für das Empire – ob mittels der jingoistischen Boulevardpresse oder in den beliebten Music Halls. London zählte zwei Millionen Einwohner mehr als New York und fünf Millionen mehr als Tokio. Beispielhaft bündelten sich diese Aspekte in dem von König Eduard VII. 1902 eingeführten «Empire Day» (24. Mai) zu Ehren des Geburtstags seiner Mutter Viktoria. Er sollte von den Schulkindern im gesamten Weltreich gefeiert werden.

Zweitens waren da die Akteure «vor Ort», die als Kolonialbeamte, Händler, Missionare, Soldaten, District Officers, Ärzte, Lehrer, Siedler, Großwildjäger und Forschungsreisende an der Grenze zur «Wildnis» mit der Tugend evangelikalen Pflichtbewusstseins und im Gefühl paternalistischer Fürsorge in eigener Lesart die Zivilisierung der Menschheit voranzutreiben beanspruchten. Jeder Einzelne war demnach dazu aufgerufen, tatkräftig und gottgefällig, diszipliniert und eigenverantwortlich, enthaltsam und selbstlos die puritanische Ethik eines elitären

Herrschaftsverständnisses vorzuleben. Im Habitus des charakterstarken und charismatischen, hohe Opfer- und Leistungsbereitschaft zeigenden Personals des Empire, so wie es in Schule, Militär und Sport sozialisiert wurde, ruhte das sendungsideologische Selbstverständnis der kolonialen Expansion auf den Fundamenten einer «Englishness», die sich im Moment des Extremen zu stets Höherem zu qualifizieren glaubte. Wenige haben dies damals so verkörpert wie der Verteidiger von Mafeking während des Burenkriegs und Gründer der Pfadfinderbewegung (1908), Robert Baden-Powell.

Drittens wäre die Kolonisierung nicht praktikabel gewesen ohne die Kooperation mit indigenen politischen, sozialen und kulturellen Eliten sowie ohne den Kontakt zu den sogenannten Subalternen. Dies konnte freiwillig oder erzwungen und für beide Seiten vorteilhaft sein. Ebenso konnte es auch zu Kontakten mit Kriminalität, Prostitution, Kinderarbeit, Schmuggel bis hin zum Menschenhandel führen. Seeleute nahmen nicht nur die Dienste indigener Frauen an, sondern auch «weißer», die gleichfalls zu den Unterschichten beispielsweise der Hafenstädte erklärt wurden. Die Mobilität der Subalternen schürte Bedrohungsängste. Ins Rampenlicht rückten sie, wenn wie im Fall des Kindesmissbrauchs an ceylonesischen Jungen durch den hochdekorierten Major-General Hector MacDonald ein Militärgericht drohte. Der Held vieler Kolonialkriege und der Niederschlagung des Mahdi-Aufstands nahm sich 1903 in Paris das Leben.

Viertens führten diejenigen, die als Gouverneure, als Spitzenfunktionäre im Militär und in Unternehmen oder als Gold und Glück suchende Abenteurer im Laufe ihrer Karriere viele Stationen des Empire kennenlernten und prägten, globale Leben. Die wenigsten blieben länger als sechs Jahre in einer Kolonie stationiert, bevor sie die Verwaltung einer neuen übernahmen, auf die sie ihr Erfahrungswissen übertrugen, nicht ohne ein klares Verständnis davon zu besitzen, welcher Station welches Prestige samt Gehaltsstufe anhaftete. Sozialisiert im Londoner Colonial Office, bauten sie ein dichtes Kommunikationsnetzwerk auf, das auf Patronage und Wissenstransfer basierte und das die in der Hauptstadt wie in den Kolonialstädten ansässigen Herren- und Cricketclubs als Basis nutzte. Polizei, Gefängnisverwaltung und lokales Gesundheitswesen arbeiteten ihnen zu.

Manche von ihnen gingen ethnische «Mischehen» ein, stellten sich vollständig auf Lebensgewohnheiten, Kleidung und Gebräuche ihrer kolonialen Umgebung um, wie etwa James Brooke, Rajah von Sarawak, und kämpften gegen die Monotonie des Alltags mit luxuriösen Ablenkungen. Brooke und seine Nachkommen bildeten den exotischen Fall einer aus Kent stammenden Familie, die den nördlichen, dem niederländischen Kolonialreich nicht zugehörigen Teil Borneos wie ein eigenes Königreich führte, aber Untertan der britischen Krone blieb. Solange die British Borneo Company erfolgreich Handel trieb, interessierte sich das Colonial Office nicht für konstitutionelle Details, nach denen ein kolonialrechtlicher Status Sarawaks nicht vorlag. Florence Nightingale wiederum ist ein Beispiel für viele einflussreiche Frauen im viktorianischen Empire, die sich von der männlichen Dominanz dieser globalen Leben unabhängig machten. Unter anderem tätig in Alexandria, während des Krim-Krieges und im Londoner East End, war sie zusammen mit Mary Seacole die berühmteste Reformerin des Sanitätswesens und der Gesundheitsfürsorge ihrer Zeit.

Neben den Akteuren definierten schließlich *fünftens* Strukturen maßgebliche Kräftefelder. Mit dem Wilhelminischen Kaiserreich, Italien, Belgien, Russland, den USA und Japan drängten immer stärker Konkurrenten direkt in die Einflusssphären des Empire ein. Spätestens seit der britischen Einnahme der Fidschi-Inseln (1874) spitzten sich diese Dynamiken der internationalen Beziehungen zu. Darauf reagierte die Londoner Royal Colonial Society (seit 1870 Royal Colonial Institute, ab 1928 Royal Empire Society) als einzigartige Gelehrteninstitution. Ihre Berateraktivitäten nahmen in dem Moment Fahrt auf, als das Colonial Office verkündete, britische Staatsangehörige in Übersee aktiver zu fördern. Prominent profitierten davon Cecil Rhodes und andere Diamanten- und Finanzmagnaten im südlichen Afrika. Auch die Inbesitznahme Zyperns (1878) erklärte sich mit Sicherheitsgarantien für Großbritannien. Die Bombardierung Alexandrias durch die Navy, die von General Wolseley angeordnete Besetzung Ägyptens 1882 und die Zerschlagung der dortigen nationalistischen Urabi-Bewegung waren weitere Schritte, die Prämissen von «law and order» international zu demonstrieren. Immerhin fuhren drei Viertel der Schiffe auf dem Suezkanal unter britischer Flagge.

Formell zwar weiterhin dem osmanischen Sultan zugeordnet, kontrollierte Großbritannien diese Region faktisch in Person des Generalkonsuls. Von 1883 bis 1907 übte Lord Cromer das Amt aus, ein Imperialist alter Schule, der mit seinen Klassikern *Modern Egypt* (1908) und *Ancient and Modern Imperialism* (1910) zwei Lehrbücher der Kolonialadministration verfasste. Die ägyptische Sonderposition kam in der Konstituierung des anglo-ägyptischen Kondominiums über den Sudan zum Ausdruck. Nach der Niederschlagung des Mahdi-Aufstands und der Schlacht von Omdurman (1898) wurde der Sudan auf diesem Weg zu einer Subkolonie Ägyptens, nicht ohne Spannungen mit Frankreich, die gleichzeitig zur Faschoda-Krise führten. Die britischen Interessen an einer Süd-Nord-Verbindung ihrer afrikanischen Besitzungen («Kap bis Kairo») spiegelten die französischen an einer West-Ost-Verbindung («Dakar bis Dschibuti»). Weil der Konflikt friedlich beigelegt werden konnte, schuf dies eine Basis für die Entente Cordiale von 1904.

Krisen

Der Sudan verursachte eine der schwersten spätviktorianischen Krisen, ausgelöst durch den Tod General Gordons (1885). 1877 war Gordon Generalgouverneur der Sudan-Provinzen geworden. Im Mittelpunkt seiner Aufgaben hatte seit 1884 die Evakuierung von Khartum und des ägyptischen und britischen Personals und seiner Familien gestanden, nachdem die Mahdisten die Stadt eingeschlossen und belagert hatten. Ihre religiöse Bewegung und ihr Ziel einer Rückkehr zur reinen Lehre des Islam vertrugen sich nicht mit der Modernisierung des Landes. Gladstone zögerte zu lange, Entsatztruppen zu senden, und diese trafen zu spät ein, um die Erstürmung der Zitadelle von Khartum durch die Mahdisten und die Tötung Gordons zu verhindern. Der in Großbritannien wie ein Nationalheld verehrte und in St. Paul's Cathedral begrabene Gordon, der in den Augen der Öffentlichkeit Standfestigkeit und Pflichtbewusstsein, christlichen Sendungsdrang und Opferbereitschaft für das Empire versinnbildlichte, wurde zum Gegenbild einer Regierung, die das Vertrauen der Bevölkerung und des Parlaments verlor. Gordon war der individuelle und charakterstarke Märtyrer, der der Übermacht der Umstände erlag, ohne durch die Weltmacht geschützt werden zu können. Die Presse machte den «grand old man» Gladstone (GOM) zum «murderer of Gordon» (MOG).

In der Hauptstadt entzündete sich an diesem Konflikt einmal mehr die Frage, wo die eigentlichen Vorteile des Empire zu finden seien. Gab es nicht Grund genug, seine Überdehnung («imperial overstretch») zu hinterfragen? Angesichts italienischer Ansprüche in Äthiopien war der Sudan durch die Hintertür in den imperialen Verbund eingetreten. Zudem drängte Australien darauf, so viele Inseln im südlichen Pazifischen Ozean zu annektieren wie möglich, als offenkundig wurde, dass sich neben den Niederländern auch die Deutschen dort ausbreiten würden. Die britische Position war nicht überraschend: Eine Mischung aus Kosten- und diplomatischem Kalkül, um weder das Schatzamt noch die Beziehungen zum Kaiserreich zu belasten, rief zur Behutsamkeit auf.

Dabei stellte die irische Nachbarschaft ein schwieriges Problem dar, über das Gladstones Liberale Partei die Macht verlor. Die irische Eigenregierung («Home Rule»), mit der Dublin weniger Befugnisse erlangen sollte als eine kanadische oder eine australische Provinz, war 1886 das Reizwort schlechthin. Weil sie als päpstliche Kontrollübernahme gefürchtet («Rome Rule»), mit Vertreibungen der Pächter von ihren Höfen und dem Landkrieg der Fenier assoziiert sowie mit einem Kulturbruch und politischer Instabilität in Verbindung gebracht wurde, bedeutete eine irische Devolution um vieles stärkeren Sprengstoff als die aller weiter von London entfernten Kolonien. Als älteste Kolonie (seit 1169) war Irland außerdem die unprofitabelste. Kein Naturprodukt wurde mit ihr verknüpft wie Schafswolle mit

Australien und Neuseeland, Wein mit Südafrika oder Weizen mit Kanada. Indem der Australier Thomas Mort den weltweit ersten durch Maschinen gekühlten Vorratsspeicher erfand, wurde es möglich, gefrorenes Lammfleisch und Milchprodukte aus Neuseeland und Bananen von den westindischen Inseln in großen Mengen nach Großbritannien zu transportieren. Im Jahr 1910 bewirkte der globale Empirehandel 22 Prozent der kanadischen Wirtschaftskraft mit vornehmlich in Saskatchewan erzeugtem Weizen, der mit der 1887 eröffneten Canadian Pacific Railway an die Überseehäfen gebracht wurde. Auch der Kontrast zwischen Irland und Südafrika, wo im Jahr 1886 erste Gold- und Diamantenfunde gemacht wurden, weshalb der kapitalistische Aufbruch des Landes an den frühneuzeitlichen Silberbergbau Argentiniens erinnerte, konnte nicht größer sein. Aus einer Minensiedlung wie Johannesburg wurde in kürzester Zeit eine Industriemetropole. Und selbst um die Nordseeinsel Helgoland, seit 1807 britische Kronkolonie, verhandelte Premierminister Salisbury mit dem Deutschen Kaiserreich einen Tausch gegen Sansibar (1890). Diplomatischen Spielraum nutzte er für Irland nicht.

Afrika und die Dominions

Lord Salisbury teilte die bis zur Jahrhundertwende nochmals aufflammende Begeisterung für das Imperiale, die sich aus einem übersteigerten und aggressiven Nationalismus speiste. Das war keine britische Besonderheit, sondern europäische Norm. Die Geschwindigkeit, mit der afrikanische Kolonien dem Empire einverleibt wurden, spricht für sich: der britische Teil von Somalia (1885), Botswana (1885), Kenia (1888–1895), Uganda (1890–1895). Die Verwaltung Ugandas als Protektorat lässt sich als Sicherheitsstrategie zwecks uneingeschränkter Aufsicht über den Nil und dessen verkehrstechnische Relevanz einordnen. Die British East Africa Company und die Royal Niger Company hatten das Land in Besitz genommen. Frederick Lugard, Forschungsreisender und Soldat, hatte dieses klassische Herrschaftsmodell antizipiert, das die Kompanien als Expansionswerkzeuge ansah. Aus einem ehemaligen militärischen Fort wurde Kampala.

Der Bau der großen Eisenbahnlinie zwischen Mombasa und Kisumu an der Ostküste des Viktoriasees (1896–1901) band nahezu 37 000 indische und chinesische Kontraktarbeiter. Im Unterschied zur Bagdadbahn, einer Angelegenheit der deutschen Hochfinanz, sollte sich dieses Prestigeprojekt selber tragen und Siedler anziehen, Land zu bewirtschaften. Es galt als Ingenieurswunder, das insbesondere Joseph Chamberlain, Führer der Liberalunionisten, nutzte, um daraus politisches Kapital zu schlagen. Jules Vernes für seine Zeit prototypischer Roman *Reise um die Erde in 80 Tagen* (1873) hatte die Leistungsfähigkeit eines sich beschleunigenden Weltverkehrs beschworen. Viele der Projekte, ob Schifffahrts- oder Eisenbahnlinien, reflektierten diese neue Spannung zwischen Anspruch und Utopie.

Als Kolonialminister wollte Chamberlain die Ausdehnung des Weltreichs vorantreiben. Seine Vorstellung vom Empire war die einer «Föderation der angelsächsischen Nationen», ein «Greater Britain» erster Klasse mit nachgeordneten tropischen Kolonien. Weil er für Letztere durchaus Verständnis hatte, unterstützte er die Gründung der London School of Tropical Medicine (1899) durch Patrick Manson, den damals führenden Tropenmediziner und Parasitologen. Gleichzeitig beschwor das Konzept des «Greater Britain», das auf Charles Dilke zurückging, eine exquisite Form der imperialen Staatsbürgerschaft. Mitglied war, wer sich der 1884 gegründeten Imperial Federation League anschloss, eine gemeinsame Verteidigungspolitik bejahte und das Forum der «Imperial Conferences» nutzte. Anlässlich der Thronjubiläen Viktorias 1887 und 1897, der Krönung Georgs V. 1911 und während des Ersten Weltkriegs 1917 einberufen, dienten diese Konferenzen der Selbstvergewisserung der imperialen Kohärenz. Nach London eingeladen wurden hierzu alle Regierungschefs der Dominions, um Truppenparaden eines Großteils der Kolonien beizuwohnen. Die Dankesbotschaft der Königin ging per Telegraf um die ganze Welt. Wilfrid Laurier brachte aus Kanada den Wunsch mit, man möge im Sinne einer Zollunion zum Schutz der kolonialen Produkte enger zusammenrücken, gleichwohl das Prinzip des Freihandels nicht verletzen.

Damit lagen zwei Konzepte auf dem Tisch: entweder eine kontinuierliche Vergrößerung des Empire oder seine innere Verdichtung. Aktiv ermutigte Salisbury die Ausdehnung britischer Interessen in China, Ägypten und Südafrika, ohne den Konflikt mit Frankreich und Russland zu scheuen. Demgegenüber verfolgte Lord Rosebery als Anhänger Gladstones die Grundregel eines liberalen Imperialismus. Doch konnte ein Kolonialreich überhaupt freiheitlich sein? 1909 hatte der Calvinist Kingsley Fairbridge die Society for the Furtherance of Child Emigration to the Colonies ins Leben gerufen, mit der verarmte, auch straffällig gewordene Londoner Kinder nach Australien, Neuseeland, Kanada und Rhodesien verschickt wurden. Ihre Familien sahen sie zumeist nicht wieder. Und über den Eingangstoren der Kinderheime standen die Worte: «To the Glory of God and the Children of the Empire».

Von Afrika nach Indien

Als Premierminister der Kapkolonie förderte Rhodes die Erschließung des Landes mit Eisenbahnlinien zwischen Johannesburg, Durban und Kapstadt auch mit Hilfe von deutschen, britischen und US-amerikanischen Minenbetreibern und Finanziers. Wie wenige andere bereicherte er sich persönlich am Kolonialismus. Außerdem stand er hinter dem desaströs gescheiterten «Jameson's Raid» (1895), einer Kampagne, die unter Mitwirkung der South Africa Company eine Rebellion der nicht-burischen Europäer («Uitlanders») im Transvaal hervorrufen sollte. Rhodes verlor seinen Posten, Kaiser Wilhelm II. schickte ein Telegramm, mit dem er den von Paul Kruger geführten Buren gratulierte, Leander Starr Jameson wurde von der britischen Presse gefeiert und die Fronten zwischen den Briten und Buren wie auch zwischen Briten und Deutschen wurden immer unversöhnlicher.

Als Mohandas Gandhi in diesen Jahren in Südafrika lebte und seine politischen Überzeugungen formulierte («Hind Swaraj», «Satyagraha»), regten sich auch in Indien nationale Befreiungsgedanken. Gandhi war typisch für die anglophil sozialisierte Elite. Er hatte in London studiert und war daraufhin als Rechtsanwalt bis Ende 1914 in Südafrika tätig, bevor er endgültig nach Indien zurückkehrte. Am eigenen Leib erfuhr er rassistisch motivierte Ausgrenzung und kämpfte gegen die soziale Ungerechtigkeit mit den Mitteln des zivilen Ungehorsams, Hungerstreiks und gewaltlosem Widerstand.

1892 bezog der erste indische Abgeordnete einen Sitz für die Liberalen in Westminster. Dabadhai Naoroji, Verfechter der Theorie, der Raj blute sein Land aus (*Poverty and Un-British Rule in India*, 1901), bildete eine Scharnierstelle zwischen der Londoner Machtzentrale, bengalischen Agrarreformern wie Romesh Chunder Dutt, Schriftstellern wie Rabindranath Tagore und Gandhis neuer Bewegung. Durch die Konstitution des Indian National Congress 1885 in Bombay war eine Organisationsform geschaffen worden, die Vizekönig Lord Dufferin überaus ernst nehmen musste, zumal sie mit dem Anspruch antrat, ganz Indien zu vertreten. Unter den Gründern waren zwei pensionierte Mitglieder des Indian Civil Service, Surendranath Banerjee und Allen Hume, Sohn des radikalen Parlamentariers Joseph Hume. Radikalität auf indischer Seite verkörperte der Nationalist Bal Tilak, der zu Gewalt aufrief und die Home Rule League schuf. Sein Einfluss sank allerdings mit jedem Tag, an dem Gandhis Stern höher stieg.

In Abgrenzung zur «Home Rule» beabsichtigte der Kongress nämlich nicht eine sofortige Trennung vom Empire; der Nationalismus beschränkte sich noch überwiegend auf den Norden Indiens zwischen Lahore und Benares. Die konkurrierende Bewegung der Muslim League wurde 1906 gegründet. In seinem populären Roman *Kim* veranschaulichte Kipling diese Rivalitäten und rechtfertigte damit das Fortbestehen der britischen Kolonialherrschaft. Dies vertrug sich ausgezeichnet mit dem System der indirekten Herrschaft, das auf einem Mindestmaß an personellem Aufwand für die britische Kolonialbürokratie basierte und auf Kooperation mit den einheimischen Oberschichten setzte. Perfektioniert wurde es in der Beziehung zu den relativ autonomen 562 indischen Fürstentümern, teilweise auch in Uganda, Kenia und Nigeria.

Nichts konnte dieses System mehr verherrlichen als der Delhi Durbar vom 12. Dezember 1911. Georg V. nahm im Coronation Park der neuen indischen Hauptstadt – bisher war dies Kalkutta gewesen – die Huldigungen der Fürsten entgegen. Als Kaiser Indiens verkündete er die Aufhebung der Teilung Bengalens in den muslimischen östlichen und den hinduistischen westlichen Teil, die erst 1905 von Vizekönig Curzon entschieden worden war, und signalisierte damit, dass das Empire fortan zu herrschen gedenke, ohne zu teilen – eine Geste, die in die Zukunft als besonders zynisch eingehen musste.

Georg V. sah sich in direkter legitimer Nachfolge der Mogulherrschaft, weshalb er die Bevölkerung Delhis vom Balkon des Red Fort aus begrüßte, dem Sitz der Moguln für über 200 Jahre. Die Konstruktion dieser Kontinuität sollte die Selbstverpflichtung der Krone, die Einheit des Subkontinents zu garantieren, unterstreichen. Sie knüpfte an das Mogulreich an und damit an die überlieferte indigene Legitimität. Für die Übersetzungsleistung dieser *translatio imperii* schien die Monarchie wie geschaffen, pflegte sie doch die hierarchischen Gesellschaftsstrukturen des indischen Feudalismus und adaptierte orientalisierte Kleiderordnungen, eine Qualität, die nicht einmal Walter Bagehot in seiner Verfassungstheorie der *English Constitution* (1867) vorhergesehen hatte. Mithin war die Abhängigkeit zwischen Beherrschten und Herrschaftsapparat eine gegenseitige. Die indischen Fürsten gelobten Loyalität, die Briten kopierten die einheimischen Symboliken. Einfache indische Bauern und Fischer, die große Mehrheit, kamen jedoch weniger mit dem Durbar als mit den ländlichen Steuereintreibern in Berührung.

Curzon war der jüngste und der letzte Vizekönig, der von sich behaupten konnte, absolutistisch geherrscht zu haben. Sein Bestreben, mit einer extrem autoritären Kolonialverwaltung das Leben in Indien zu regulieren, musste im Widerstand dazu die Einigung des Kongresses zur Folge haben. Curzon stärkte die North-West Frontier als ständig gefährdete Pufferzone zum Hindukusch, er förderte das Erziehungswesen, ließ Bewässerungskanäle bauen und durch ihn gewann die Pflege des kulturellen und architektonischen antiken Erbes Indiens an Bedeutung. Sein Nachfolger Lord Minto wurde vom Indienminister John Morley, der sich in Irland für eine sukzessive Eigenregierung stark gemacht hatte, entsprechend eingeschränkt. Die religiöse Spaltung, die in Indien noch brisanter war als in Irland, machte eine geeinte nationale Bewegung so schwierig; die sprachliche Spaltung spielte dagegen, anders als in Kanada, keine bestimmende Rolle.

Koloniale Gewalt

Jenseits von monarchischem Pomp waren die zwei Jahrzehnte bis zum Ende des Ersten Weltkriegs aber nicht minder von kriegerischem Gräuel gezeichnet. Diese Jahre zwischen 1899 und 1919 bilden für das Empire eine eigene Einheit mit einer eigenen Zeitlichkeit. Am Anfang stand der Südafrikanische Krieg (1899–1902), am Ende das Massaker von Amritsar (Punjab) im April 1919, bei dem 379 Ortsansässige und Pilger einer friedlichen Versammlung anlässlich des Baisakhi-Festivals in einem öffentlichen, von einer Mauer umschlossenen Garten (Jallianwala Bagh) von der britisch-indischen Armee unter Befehl von Reginald Dyer willkürlich erschossen und über 1600 Personen verwundet wurden. Obwohl die Armee daraufhin evaluiert wurde, war diese Brutalität beispiellos, wenngleich nichts Neues, insofern sie sich bereits 1916 im Zusammenhang mit dem irischen Osteraufstand abgezeichnet hatte und dann in der Bombardierung irakischer Dörfer durch die Royal Air Force unter Arthur Harris 1922 wiederkehren sollte.

Für koloniale Gewalt waren nicht nur einzelne, nicht selten korrupte Offiziere wie Dyer verantwortlich. Sondern ihr lag ein strukturelles Selbstverständnis imperialer Überlegenheit zugrunde, das unter keinen Umständen erschüttert werden durfte und das selbst die liberale und die sozialistische Kolonialkritik nicht aushebeln konnte. Einen Beweis dafür lieferten die berüchtigten Rowlatt-Gesetze aus dem gleichen Jahr, nach denen ein Provinzgouverneur ohne Richterspruch willkürlich Gefängnisstrafen verhängen konnte. Aus Londoner Perspektive war die Tat eines Einzelnen anzuklagen, aus indischer dagegen das Empire in seiner Gesamtheit und das Wesen des Raj im Besonderen. Das Massaker manifestierte, geknüpft an ein seit der Rebellion von 1857 bestehendes Trauma, wie angreifbar koloniale Herrschaft nicht nur situativ, sondern prinzipiell war, ihre Krisenhaftigkeit und ihr fragmentarisches Wesen.

Das Vertrauen in eine geordnete britische Herrschaft über Indien war seitdem unwiderruflich zerstört. Vermutlich löste Amritsar den Anfang vom Ende Britisch-Indiens aus und motivierte eine breite Masse zur Unterstützung des Non-cooperation Movement. Unbeirrbar lehnte der Nobelpreisträger Tagore den britischen Ritterschlag ab. Jawaharlal Nehru entdeckte erstmals seine Bewunderung für Gandhi, als sie bei einer Zusammenstellung von Material über das Massaker für einen Untersuchungsausschuss des Indian National Congress kooperierten, dem Nehru 1919 beitrat. Später notierte er, wie grundsätzlich unmoralisch der Imperialismus sei und sich in die Seelen der Briten hineingefressen habe. Weder die britische Regierung noch die Öffentlichkeit aber ließen sich davon beeindrucken. Kipling dichtete, Dyer habe seine Pflicht getan, und die Verteidiger des Raj im House of Lords argumentierten, man habe keine Alternative gehabt. Der Heeresminister dieser Zeit, Winston Churchill, erklärte, Amritsar sei eine singuläre Episode ohne historische Parallele. Schreckensherrschaft sei kein Arzneimittel, das man in der britischen Apotheke finde. Salman Rushdies Roman *Mitternachtskinder* (1981) beruft sich auf das Gegenteil. Amritsar steht hier sinnbildlich für eine tiefe Wunde Indiens.

Der Südafrikanische Krieg stellte Herausforderungen, aus denen sich richtungsweisende Weichenstellungen für das 20. Jahrhundert ergaben. 6000 Meilen von London entfernt, hatte dies viel mit metropolitaner nationalistischer Überheblichkeit zu tun wie auch mit der Organisation der Kolonien und der Armee. Letztere war primär auf das Führen von bis dahin relativ kleinen und schnell zu gewinnenden Kolonialkriegen trainiert. Das hatte sich im ersten Burenkrieg (1881) noch bewiesen. Zunächst sah es nach der Befreiung der von den Buren besetzt gehaltenen

Grenzstädte Mafeking, Kimberley und Ladysmith auch so aus, als ob sich diese Regel erneut bestätigen würde.

Als Lord Kitchener, der sich einen Namen in Khartum gemacht hatte, den militärischen Oberbefehl übernahm, konnte er noch nicht mit weiteren 20 Monaten Guerillakrieg rechnen. Aus dem verbreiteten Kriegsenthusiasmus wurde jedoch rasch eine bittere Alltagsrealität, in der nicht nur Briten und Buren gegeneinander kämpften, sondern zahllose Schwarzafrikaner, Neuseeländer, Australier und Kanadier ihr Leben ließen; in der überdies bis zum Friedensvertrag von Vereeniging (Mai 1902) Lager, in denen über 20 000 Menschen umkamen, fast 4000 Meilen Stacheldraht, die das Land durchkreuzten, und das systematische Niederbrennen von Farmen für internationale Empörung sorgten. 6500 britische Soldaten fielen und 16 000 starben an Typhus. Der Burenführer Kruger hatte sich des deutschen Wohlwollens versichert und eine weltweite pro-burische Agitation hervorgerufen. Noch nie zuvor in seiner Geschichte war der britische Imperialismus derartig schonungslos kritisiert worden.

Auch national einflussreiche Stimmen äußerten sich, wie etwa John Hobson, dessen Buch *Imperialism. A Study* (1902) Generationen von Imperialismustheoretikern inspiriert hat, namentlich Lenin und Luxemburg. Hobson meinte, der Krieg sei im Interesse des Johannesburger Finanzkapitals und der englischen Boulevardpresse geführt worden, er habe den Jingoismus geschürt und als Ventil für weltweit akkumuliertes Kapital gedient, das in materiellen oder territorialen Werten investiert werden musste. Antisemitisch zum einen, schenkte diese Sichtweise zum anderen doch der Tatsache zu wenig Aufmerksamkeit, dass die chinesischen Kontraktarbeiter in den Minen von Transvaal und die indischen in Natal wie Sklaven behandelt wurden und dass man ihnen wie der indigenen Bevölkerung Afrikas mit offenem Rassismus begegnete. Nach der Wahl von 1906 («Khaki-Wahl») kam mit Campbell-Bannerman ein liberaler Premierminister an die Macht, der die britische Kriegsführung in Südafrika als «methods of barbarism» bezeichnete und kompromissbereit mit den südafrikanischen Führern Louis

Botha und Jan Smuts eine Politik aushandelte, an deren Ende die Union of South Africa (1910) stand.

Erster Weltkrieg

Der zügige Aussöhnungsprozess in Südafrika sollte sich im Ersten Weltkrieg auszahlen, in dem Freiwillige aus den Dominions an der Seite der britischen Streitkräfte dienten. Für das Nationalbewusstsein Australiens und Neuseelands (ANZAC) war die Schlacht von Gallipoli (1915) gegen das Osmanische Reich besonders prägend. Gleiches gilt für die extrem hohen Verluste Kanadas in der Schlacht von Arras (1917). Im erstmals 1917 einberufenen Imperial War Cabinet wurden die Kriegsanstrengungen des Empire gebündelt. Der beschworenen Solidarität stellte sich eine symbolische Parität an die Seite. Bis zum Ende des Ersten Weltkriegs hatten 1,5 Millionen Soldaten in der indischen Armee gekämpft, Hunderttausende ihr Land Richtung Europa und Afrika verlassen; allein etwa 600 000 Inder waren 1916 in Mesopotamien stationiert. Sie wurden seit Oktober 1914 in den Schlachten von Ypern, dann in Festubert und Neuve Chapelle eingesetzt und dabei von Zehntausenden des nicht-kämpfenden Personals wie Sanitätern und Köchen unterstützt. Ganz neu war dies im «Great War» indessen nicht. Schon bei der Niederschlagung der Mahdi-Rebellion im Sudan und der Boxer-Bewegung in China, in den afghanischen Kriegen, in Tibet und in Abessinien waren indische Soldaten in Anspruch genommen worden.

Australien schickte 415 000 Soldaten in den Krieg, Neuseeland 130 000, Kanada 630 000. Aus Neufundland kamen 9000, aus Südafrika 150 000 und aus Ostafrika 36 000 Soldaten. Mindestens ein Zehntel der Soldaten aus dem Empire überlebte den Krieg und die Folgen nicht. Als Freiwilligenarmeen schweißte sie ein bemerkenswerter Patriotismus zusammen, der die Auflösung des Empire mit anbahnen musste. Als 1916 die Wehrpflicht eingeführt wurde, blieb Irland davon ausgenommen.

Der Erste Weltkrieg war herausragender Teil eines Kontinuums der Gewalt, das vor ihm begann und bis weit in die 1920er

Jahre reichte. Die koloniale Gewalt, nicht nur in Kriegen ausgetragen, war ihrerseits ein alltägliches Phänomen. Zwangsvertreibungen, Prügelstrafe, Folter und anti-kolonialer Widerstand: Das Repertoire an Gewaltpotentialen war vielgestaltig. Auch Zwangsrekrutierungen gehörten dazu. So wurden über 215 000 Kolonialarbeiter nach Großbritannien gebracht und dort in der Waffenproduktion eingesetzt. Der Pan-Islamismus provozierte 1915 eine Rebellion in Singapur, im gleichen Jahr kam es in Njassaland (Malawi) unter Führung des Baptistenpredigers John Chilembwe zu blutigen Aufständen. Bereits ein Jahr zuvor hatten über 10 000 Afrikaaner eine neue unabhängige Burenrepublik ausrufen wollen und wurden niedergeschlagen. Die Straßenschlachten während des Osteraufstands 1916, die paramilitärische Irish Republican Army (IRA), der Unabhängigkeitskrieg und der Bürgerkrieg bis 1923 – Nationalismus und Empire prallten aufeinander. Das umkämpfte Dubliner Hauptpostamt rückte über Nacht zu einem nationalen Wahrzeichen auf. William Butler Yeats schrieb *Easter 1916*.

Reich an fruchtbarem Land, den für den Kaffeeanbau perfekten Höhenlagen und wie eine riesige, größtenteils noch unerschlossene Landbrücke zwischen Viktoriasee und Indischem Ozean gelegen, entdeckten britische Siedler in diesen Jahren Kenia für sich. Der British East Africa Company war die Kolonialverwaltung allerdings dauerhaft zu teuer, und so machte Lord Delamere, Großwildjäger, Großgrundbesitzer und hier über 30 Jahre lang eine Schlüsselfigur, Kenia in seinen Worten zu einem «white man's country». Im Schatten des Ersten Weltkriegs schuf sich Delamere im Distrikt von Njoro ein Privatimperium im Ausmaß nahezu der vierfachen Größe von Manchester. Er baute Mais an und züchtete Strauße, produzierte Baumwolle, Obst und Tabak. Bevor der südafrikanische Apartheidstaat entstand, errichtete Delamere, hochdekoriert als Knight Commander des Ordens von St. Michael und St. Georg, in Kenia ein rassistisches System mit ausgeprägter Diskriminierung der indischen Einwanderer. Ihr Einfluss war seit dem Eisenbahnbau von Mombasa so gewachsen, dass die indische Rupie das britische Pfund 1920 als Leitwährung im Tagesgeschäft verdrängte und das British East African Currency Board einschreiten musste. Ganz allmählich kamen unter den Augen des Colonial Office in Kenia und im südlichen Rhodesien neue Siedlerstaaten zum Vorschein, wobei die Bevölkerungszahl Kenias mit 2,5 Millionen Menschen dreimal so hoch war wie die Süd-Rhodesiens, wo wiederum die Zahl der weißen Siedler (34 000) viermal so hoch ausfiel wie in Kenia.

Im klimatisch schwierigeren Westen war vor allem der Kakao- und Palmölanbau wichtig, doch weder die Goldküste (Ghana), seit 1631 Kolonie, noch Nigeria zogen zunächst Siedler an. Lugard war es gelungen, die lokale Elite in die Verwaltung einzubinden. Unter «indirect rule» versprach man sich aus Sicht Westminsters eine schlanke britische Administration, eine ähnlich der Kooperation mit den indischen Fürstentümern erfolgreiche Nutzbarmachung lokalen Wissens insbesondere im Landesinneren, die Beibehaltung traditioneller Herrschaftsstrukturen und im Ergebnis Sicherheit und Stabilität. Wenige Jahre nach den Erfahrungen des Krieges fasste Lugard sein Vermächtnis in *The Dual Mandate in British Tropical Africa* (1922) zusammen.

Der immer stärker werdende Pan-Afrikanismus – in London hatte im Jahr 1900 die erste pan-afrikanische Konferenz getagt – versuchte, sich dem entgegenzustemmen. Das setzte in erster Linie aber Einigkeit voraus, für die allein Nigeria mehr als 50 Jahre benötigte, ehe sich der Süden und der Norden zusammenschlossen (1861–1914). War die Zeit gekommen für einen anti-kolonialen Bund zwischen den in Europa sozialisierten Intellektuellen und den Bevölkerungen ihrer Herkunftsländer? Der Erste Weltkrieg bedeutete auf diese Weise eine Wendemarke und angesichts der hohen Zahl an aus dem gesamten Empire stammenden Soldaten einen gesteigerten Erwartungshorizont an zukünftige nationale Unabhängigkeiten. Denn die Erfahrungsräume in Europa, die viele indische Soldaten in Gedichten, Liedern und Fotografien festhielten, waren neu. Es entstanden die einzigartige Erzählung *Across the Black Waters* (1939) von Raj Anand und Kiplings *Eyes of Asia* (1918), worin er sich in die Position eines in seine Heimat berichtenden indischen

Sepoys versetzte. Hunger und Tod, Parasiten und Lärm, Krankheiten, der erbarmungslose Alltag in den Schützengräben, Desertion und vieles mehr, was den Krieg ausmachte, wurden ebenso reflektiert wie das Dilemma, dass indische Muslime gegen muslimische Soldaten des Osmanischen Reichs vorrücken mussten. Was die meisten Soldaten einte, war nach ihrer Rückkehr die Hoffnung auf politische Freiheit und privaten Landbesitz.

Vancouver 1865

Einst hatte er als junger Seemann Cook auf dessen zweiter und dritter Weltumsegelung begleitet, den Südwesten Australiens vermessen und die Pazifikküste Nordamerikas erforscht, bis er 1792 die nach ihm benannte Insel im äußersten Westen Kanadas entdeckte. George Vancouvers Eindrücke von seinen Pazifikreisen wurden postum unter dem Titel *Voyage of Discovery to the North Pacific Ocean* (1798) veröffentlicht. Die gleichnamige Hafenstadt in British Columbia, Endpunkt der Transkontinentaleisenbahnen und Drehscheibe für den pazifischen Schiffsverkehr, geht auf eine 1865 errichtete Sägemühle zurück, woraus eine erste Siedlung (1886 mit 1000 Einwohnern) entstand. Holzverarbeitung mit Papierfabriken bestimmte die Wirtschaft sowie der von der Hudson's Bay Company 1843 errichtete Pelzhandelsposten Fort Victoria. Auch Fischfang, Robbenjagd und Lachszucht spielten eine große Rolle. Zunächst Kronkolonie (1849), wurde Vancouver Island 1866 mit British Columbia vereinigt.

Die autochthonen Völker Kanadas («First Nations») wurden durch den Prozess der britischen Kolonisierung des Kontinents in ihrer Lebensweise existentiell bedroht, zum Teil vernichtet, grundsätzlich kulturell entwurzelt. Ihre Kinder wurden in Internate eingewiesen, Traditionen und Sprachen unterdrückt. Die politische und wirtschaftliche Marginalisierung folgte auf die Einweisung in Reservate mit schlechterem Zugang zu natürlichen Ressourcen und den Versuch der christlichen Missionierung. Erst in jüngerer Zeit wird in Kanada ihre Geschichte aufgearbeitet. Keine Provinz weist so viele First Nations auf wie

British Columbia und keine so viele Reservate, fast 60 Prozent der Gesamtzahl. Die zweitgrößte Gemeinde lebt in Vancouver, heute sicherlich eine der kulturell vielfältigsten Städte Kanadas.

7. Von Versailles bis zur Teilung Indiens, 1919–1947

In Folge des Friedensvertrages von Versailles wurde Großbritannien die Kontrolle über einzelne Mandatsgebiete des Völkerbundes zugewiesen: Palästina, Transjordanien (seit 1918 besetzt) und der Irak (seit 1915 besetzt), außerdem Teile der ehemaligen deutschen Kolonien Kamerun, Togo und Tanganjika. Vor allem Ostafrika und der Nahe Osten waren Schauplätze langer kriegerischer Auseinandersetzungen gewesen.

Das Mandatssystem

Aus Kenia, Tanganjika und Uganda sollte eine ostafrikanische Föderation werden. Es war jedoch nicht machbar, eine Siedlerkolonie, ein Mandatsgebiet und ein klassisches Beispiel indirekter Herrschaft auf einen Nenner zu bringen. Innenpolitischer Widerstand kam vonseiten der Fabier (Sydney Webb) und der Labour Party, die dem Argument der Missionen folgten, die billigen afrikanischen Arbeitskräfte seien die Sklaven der Gegenwart. Für die Afrikaner war es sehr schwierig, sich aus dem Dilemma zu befreien, solange der Schlüssel zur wirtschaftlichen und administrativen Ordnung Ostafrikas in Londoner Sichtweise bei den weißen Siedlern lag.

Im westlichen Afrika (Ghana, Sierre Leone, Gambia) hatte man im Unterschied dazu die Modernisierung frühzeitig an die Afrikanisierung der Verwaltung geknüpft. Am stärksten nutzte dies den südlichen Küstenstädten, in denen eine intellektuelle Elite heranwuchs, die sich sowohl als Teil des britischen Establishments begriff als auch als eine ihr Land schließlich in die Unabhängigkeit führende Kraft. Mit dem agrarischen Hinterland hatte sie wenig gemein. Diese Position kam Nehru erstaunlich nahe; fern war sie dem südafrikanischen, von Apartheid sowie Hass auf England besessenen General und Premierminister James Hertzog (1924–1939).

Die Südafrikanische Union hatte Deutsch-Südwestafrika (Namibia) seit 1915 besetzt und 1921 zu ihrem Mandat erklärt. Das von Smuts erdachte Mandatssystem stützte sich auf die vom US-amerikanischen Präsidenten Wilson im Vierzehn-Punkte-Programm erstellte Nachkriegsordnung, nach der die Kolonialgebiete der besiegten Mächte treuhänderisch von den Siegermächten in drei Klassen verwaltet werden sollten, bis sie schließlich die Unabhängigkeit erhielten: Gebiete in Klasse A standen kurz vor ihrer Souveränität und diejenigen in Klasse B ebenfalls, sobald sie politische und wirtschaftliche Sicherheiten garantieren konnten. Die dritte Kategorie war für die Briten wenig attraktiv und wurde den Dominions überlassen. Deutsch-Neuguinea ging an Australien und Westsamoa an Neuseeland. Das Mandatssystem besaß eine Kontrollfunktion. Der Völkerbund war befugt, die Gebiete durch eine Kommission beaufsichtigen zu lassen und von den Imperialmächten zu verantwortende Missstände zu rügen wie anlässlich der massiven ländlichen Unruhen in Palästina (1936–1939).

Bereits das geheime Sykes-Picot-Abkommen vom Mai 1916 hatte das zu erwartende Erbe des Osmanischen Reiches zwischen Frankreich und Großbritannien aufgeteilt, eine gegenseitige Garantieerklärung, in die weder die USA noch die arabischen Staaten und die Bolschewiken, die sie schließlich enthüllten, eingeweiht worden waren. Die Balfour-Deklaration vom November 1917 brachte zusätzlichen Zündstoff in die Region, indem sie sich zur Schaffung eines jüdischen Staates verpflichtete. London hatte sich über Kuwait die Kontrolle über den Persischen Golf, mit Aden zugleich die Zufahrt zum Roten Meer gesichert, zudem besaß es mit Zypern im Nordwesten dieser Einflusssphäre einen entscheidenden mediterranen Stützpunkt. Der exzentrische Lawrence von Arabien, Orientalist und Freiheitskämpfer gegen die Osmanen ab 1916, warnte, dass die britischen Versprechen an die Araber, politische Unabhängigkeit zu erlangen, ihr Papier nicht wert seien.

Mit den Wahlen vom Dezember 1918 war das Kriegskabinett mit Alfred Milner als Kolonialminister bestätigt worden. Dessen lange Karriere in Südafrika an der Seite Kitcheners hatte ihn von der Autorität der angelsächsischen Kultur überzeugt. Erst deren vollständige Adaption garantiere auf längere Sicht eine erfolgreiche Dekolonisation. In seiner Gefolgschaft gründeten Kolonialbeamte im Umfeld von Amery den legendären «Kindergarten», eine konservative Schule kolonialen Denkens. Von Milner war die Einhaltung von Kriegsversprechen an die Kolonien in Wertschätzung für ihren Einsatz ebenso wenig zu erwarten wie koloniale Zurückhaltung. Im Jahr 1919 erreichte das Empire die größte Ausdehnung in seiner Geschichte. Weil Persien vertraglich gebunden wurde, erstreckte sich nunmehr ein imperialer Bogen von Gibraltar bis Bengalen, wie Curzon ihn einst erstrebt hatte. In allen größeren Städten zwischen Jerusalem und Bagdad hielten britisch-indische Truppen die Stellung. Damit gerieten sie zwischen die Fronten: einerseits die arabischen Nationalisten unter Führung von Prinz Faisal, der von den Briten 1932 als Herrscher über das neue Königreich Irak installiert wurde, andererseits die zionistische Bewegung, die sich auf ihren Einsatz in der Jüdischen Legion in Palästina 1917/18 berief.

Die im Auftrag des Völkerbunds erteilten Mandate und Protektorate bedeuteten keinen kolonialen Prestigegewinn. Eher verschärften sie langfristig die Legitimitätskrise. *Erstens* verfestigten sich regionale Nationalismen, wie sie bei den burischen Afrikaanern und den Französischkanadiern schon seit 200 Jahren existierten und immer Quellen der Unruhe waren. *Zweitens* organisierte sich eine Internationale der Anti-Kolonialisten europäischer und nicht-europäischer Stimmen, die eine radikale Reform des Kolonialreichs forderte. Wer Demokratisierung, Liberalisierung der politischen Institutionen und ein allgemeines Wahlrecht zu Hause genoss (Wahlrecht für Frauen in Großbritannien seit 1928), konnte nicht weltweit Unfreiheit praktizieren. *Drittens* gewannen die Eigendynamiken der nationalistischen Bewegungen an Zuspruch.

Großbritannien setzte geballte militärische Mittel ein, wo seine formelle Herrschaft bedroht schien. Nach dem Bürgerkrieg zum Irish Free State geworden (1922), wurde Irland 1931 unabhängig und verließ als selbstständige Republik 1949 das Commonwealth. Der Guerillakrieg in Irland hatte neue Formen des Terrorismus entstehen lassen. Unbeschreibliche repressive Gewalt erschütterte auch den Irak, als 1920 eine britische Armee von 60000 Mann einmarschierte und im Kampf gegen einen ausgedehnten Aufstand Dörfer niederbrannte, bis die Royal Air Force zu Flächenbombardements überging. Ägypten, seit 1914 Protektorat, wurde 1922 zwar in die Unabhängigkeit entlassen, aber davor lagen drei Jahre des revolutionären Chaos. Auch den Ägyptern hatte man in Versailles verwehrt, ihre nationalen Interessen zu vertreten. Geschickt hatte Hochkommissar Lord Allenby den Übergang eingefädelt. Ihre äußeren Anliegen wurden weiterhin vom Empire verwaltet, eine britische Garnison blieb am Suezkanal stationiert.

Auflösungserscheinungen

Indienminister Montagu und Vizekönig Lord Chelmsford hatten eine große Verwaltungsreform angestoßen, die nach der Idee der Dyarchie lokale und regionale Administrationen stärker in die Pflicht nahm und die zentrale Regierungsverantwortung London vorbehielt. Naturgemäß reichte das dem indischen Nationalkongress nicht. 1915 war Gandhi nach Bombay zurückgekehrt, um für gewaltfreien Widerstand, zivilen Ungehorsam und den Verbrauch von in Indien produzierten Gütern zu werben. Zum Symbol seiner Ziele machte er das Spinnrad. Er selber wurde zum Vorbild für Martin Luther King, Nelson Mandela und viele andere. Gandhi formte die Kongresspartei zu einer politischen Massenorganisation, die ihren Einfluss über ganz Indien ausdehnte. Noch, allerdings nur für ein kurzes Zeitfenster, war es sogar möglich, dass Hindus und Muslime an einem Strang zogen, so dass Muhammad Ali Jinnah, der spätere Gründer Pakistans, interreligiöse Kooperation mittrug. Doch dies war eine äußerst zerbrechliche Angelegenheit.

Der Versuch der Briten, ausgleichende Positionen zu fördern wie etwa Nehrus Annäherungen an das Commonwealth, war gekoppelt an ihr Bestreben, extremistische Nationalismen im Keim zu ersticken. In den Augen von Kolonialminister Amery (1924–1929) sollten die Dominions zukünftig in transnationale Handelsfragen aktiv eingebunden werden. Protektionistische Handelsverträge in Ottawa von 1932 kamen hinzu. Mit eigenen, allein britischen Kräften war das Empire jedenfalls nicht zu halten, zumal Amery mit geradezu hellseherischen Qualitäten eine Aufteilung der Welt unter den hegemonialen Supermächten USA, Sowjetunion und China voraussagte. Das war bereits weit entfernt von der Vorkriegsposition von Lloyd George, die noch Großbritanniens autarke Insularität als Stärke begriffen hatte. In der Zwischenkriegszeit beschrieben Schriftsteller wie George Orwell und E. M. Forster (*A Passage to India*, 1924), wie schnell die britische Oberschicht dieses Selbstbewusstsein verlor und wie dramatisch sie an Bedeutung einbüßte. Schließlich wurden im Indian Civil Service alle Ämter von Indern besetzt. Unter Verweis auf Forster meinte Nirad Chandra Chaudhuri, das ehemals mächtige Britisch-Indien sei in den 1930er Jahren längst verspielt gewesen (*A Passage to England*, 1959).

Einen Bericht über das sub-saharische Afrika legte Lord Hailey vor, *An African Survey* (1938). Ehemals Gouverneur des Punjab und der United Provinces in Indien, verfasste er auf Anregung des Missionars Joseph Oldham und im Auftrag des Royal Institute of International Affairs eine unübertroffene Bestandsaufnahme des Kontinents in seinen sämtlichen Aspekten. Als ausgezeichneter Kenner der kolonialen Verwaltungsstrukturen bereitete er so avant la lettre die Dekolonisation vor, ein Begriff, der auf den seinerzeit in London lebenden Moritz Julius Bonn (1932) zurückgeht. Parallel dazu brachten britische Imperialisten mit Ausnahme Curzons dem Mandatsgebiet Palästina prinzipiell viel Sympathie entgegen. Es war kaum vorhersehbar, dass die Schutzmacht Palästinas dort bald zum Feindbild der militanten Zionisten werden würde.

Insgesamt lässt sich der britische Imperialismus der Zwischenkriegszeit damit auf den Nenner bringen, dass die Londoner Zentrale sich mehr und mehr zurückzog. Sie machte für ihre Defensive die Weltwirtschaftskrise verantwortlich und erklärte aggressiven Expansionismus, wie ihn das faschistische Italien in Nordafrika ausübte, für überwunden und unzeitgemäß. Versuche von Pressebaronen wie Lord Beaverbrook, dessen Tageszeitung *Daily Express* die Arbeiterklasse mit patriotischen und imperialistischen Botschaften überzog, dem entgegenzuwirken, glückten nur begrenzt. Empirepropaganda durch die British Empire Union, die Patriotic League of Britons Overseas oder die Royal Empire Society sowie das öffentliche Anstimmen von Empireliedern, das Verleihen von Verdienstorden, das Beflaggen der Straßen mit dem Union Jack («Trooping the Colour»), das Feiern des Empire Day: Dies alles konnte nicht darüber hinwegtäuschen, dass der hochviktorianische Enthusiasmus unwiederbringlich verloren war. An seine Stelle war die Mentalität getreten, das Vorhandene zu sichern, weil, so die Selbsteinschätzung, dazu ansonsten niemand in der Lage wäre.

Der Bewahrung des Status quo galt die höchste Priorität, dem Verwaltungsapparat des Colonial Office daher bis in die späten 1930er Jahre der größte Respekt. Mit Empirenostalgie war jedoch nicht viel auszurichten, führte man sich den Bedeutungsgewinn alternativer politischer Konzepte vom Isolationismus bis zum Völkerbund vor Augen. Dass das Colonial Office 1925 die Verantwortung für die Dominions abgab, war auch der Tatsache geschuldet, dass diese unterschiedliche föderale Systeme aufbauten: Provinzen in Kanada, Bundesstaaten in Australien. Überdies waren die weltweiten Zuständigkeiten klar getrennt. So wurde Ägypten vom Außenamt verwaltet, das die Sicherheitsinteressen des Suezkanals im Blick hatte wie auch die Grenzen zum italienischen Libyen im Westen und nach Äthiopien im Süden. Noch bis 1956 sollte dies funktionieren.

Quit India

Die Unabhängigkeitsbewegung Indiens war in den Fokus der Weltöffentlichkeit gerückt wie die ägyptische der nationalistischen Wafdisten. Churchill machte kein Geheimnis daraus, dass der Verlust dieser beiden Schlüsselkolonien den Anfang vom Ende einläuten würde. Deshalb fiel die Unterdrückung der regionalen Aufstände 1924–1928 so brutal aus und deshalb äußerte er sich über Gandhi so abwertend. Dessen Methode des zivilen Ungehorsams hatte sich bis dahin noch nicht landesweit durchgesetzt und wurde im März 1930 bei dem in seinem Sinngehalt unübertroffenen Salzmarsch von Ahmedabad an die Küste nochmals auf die Probe gestellt. Die Salzsteuer traf vor allem die große Mehrheit der Armen des Landes. Würden diese sich der Bewegung anschließen, kämpften sie direkt für ihre Freiheit, ein Protestmarsch mit Pilgerschaft. Symbolisch hatte das Empire Amerika einst durch Tee verloren, nun war es auf dem Weg, Indien durch Salz zu verlieren.

Im Hintergrund stand die Londoner Konferenz des Runden Tisches mit Lord Irwin. Der Vizekönig und Gandhi einigten sich 1931 in einem Pakt auf die Beendigung der Kampagne des zivilen Ungehorsams. Im Gegenzug wurden die Teilnehmer des Salzmarsches aus dem Gefängnis entlassen. Unterdessen spitzte sich die Konfrontation zwischen Muslimen und Hindus zusehends zu. Trotz ihrer Hindu-Dominanz behauptete die Kongresspartei im Namen von «all India» zu sprechen. Der nächste Schritt war der Government of India Act von 1935, der schon den Machttransfer und Indiens möglichen Status als Dominion vorbereitete, indem den Provinzen die Selbstverwaltung verordnet wurde. Traditionell hatten die Fürstenstaaten, die ein Viertel der Bevölkerung regierten, ein Element der Kollaboration mit den Briten gebildet.

Doch Jinnah drängte zur Teilung. Provinzen mit muslimischen Mehrheiten wie Sind, Kashmir und Afghan im heutigen Pakistan sowie Assam im heutigen Bangladesch gerieten unter die Kontrolle der Muslim League. Zusammen stellten sie eine beachtliche Bevölkerung von 90 Millionen. 1942 dramatisierte sich die Lage, als eine japanische Invasion drohte und Gandhi die Kampagne «Quit India» ausrief. Gewaltausbrüche in Kalkutta hatten über eine Million Opfer zur Folge und über zehn Millionen wurden zur Flucht gezwungen. Zur Aufgabe des letzten Vizekönigs, Lord Mountbatten, wurde es, das Ende des Raj am 15. August 1947 zu verkünden. Am 30. Januar 1948 starb Gandhi durch das Attentat eines Hindu-Nationalisten in der Hauptstadt. Erst jetzt ließen die Massaker und Bevölkerungsverschiebungen allmählich nach. Die britische Politik pflegte gleichwohl die Illusion, das Empire gehe nahtlos in das Commonwealth of Nations über und verzichte dabei auf verlustreiche Dekolonisationskriege, weil es seine Kolonien aus freien Stücken in die Unabhängigkeit entlasse.

Zweiter Weltkrieg

Grundsätzlich galt in Westminster und Whitehall die Überzeugung, dass für eine umfassende Dekolonisation noch nicht der richtige Zeitpunkt gekommen sei. Damit einher ging das Bild, zwischen dem «Mutterland» und den Kolonien als seinen Kindern habe sich eine den Globus umspannende Familie gebildet, für die die Bezeichnung «Commonwealth» längst stimmiger geworden war. Neuseeland, traditionell den Briten am nächsten, stellte sich am deutlichsten gegen den Nationalsozialismus und führte ebenfalls die Wehrpflicht ein. Umgekehrt sollten Irland und sein Präsident Eamon de Valera sich im Kriegsfall nicht mit Großbritannien verbünden. Kanadas frankophone Minderheit in Québec und Australiens irische Katholiken schätzten Mussolini, General Hertzog in Südafrika kam der Antisemitismus in Europa nicht ungelegen. In Ägypten war die britische Armee durch einen Vertrag von 1936 in Friedenszeiten auf eine Zone um den Suezkanal begrenzt, im Krieg durfte sie sich jedoch frei bewegen. Von einer abgestimmten Verteidigungspolitik konnte nur sehr bedingt die Rede sein.

Im September 1939 zählten die Armeen Großbritanniens und des Commonwealth zusammen 1,1 Millionen Soldaten. Erst im Laufe des Krieges erhöhte sich die Zahl der Soldaten aus den Dominions und den Kolonien auf fünf Millionen. Die Mehrheit, die die Infanterie stellte, entstammte den gesellschaftlichen Schichten, die in den 1920er und 1930er Jahren von sozialer Deprivation, Arbeitslosigkeit und Armut am stärksten betroffen gewesen waren. Dieses Land, von dem sie sich im Stich gelassen fühlten, zu verteidigen, das mochten an der Heimatfront Churchill und in den Kolonien erfahrene Offiziere wie Montgomery und Slim ausrufen. Dem eigenen Leben näher stand aber der Bericht des liberalen Ökonomen William Beveridge, der im November 1942 die Grundlagen für den Wohlfahrtsstaat und das nationale Gesundheitssystem der Nachkriegszeit legte. Erst zu diesem Zeitpunkt hatte Großbritannien begonnen, die Krise der Jahre 1940–1942 allmählich zu überwinden, nach einer Serie von militärischen Niederlagen im Nahen Osten, in Hongkong (Dezember 1941), Burma (Februar/März 1942) und Malaysia. Malta, zentraler Marinestützpunkt der Royal Navy, wurde bis 1942 von der italienischen und der deutschen Luftwaffe permanent bombardiert.

Besonders instabil war die Lage, wenn sich in Städten wie Kalkutta und Bombay Panik ausbreitete, die Nahrungsmittelpreise in die Höhe schnellten und eine Massenflucht auf das Land einsetzte. Die große bengalische Hungersnot von 1943/44 kostete drei bis vier Millionen Menschen das Leben und offenbarte, dass London keine Kontrolle mehr über Indien besaß. Dennoch hatten sich Gandhi und Nehru hinter die Briten und gegen den Nationalsozialismus gestellt. Für die Indian National Army, der immerhin 42 000 Soldaten beitraten, war der Feind dagegen britisch; sie verbündete sich mit den Achsenmächten. Indische Soldaten wurden vom militärischen Geheimdienst als unzuverlässig eingestuft, insbesondere aber ihre Offiziere, die mit der «Quit India»-Kampagne sympathisierten. Ihnen wurde unterstellt, zu wenig moralisches Kapital in den Krieg zu investieren und die Katastrophe von Malaysia und Singapur, wo die Japaner 30 000–40 000 Kriegsgefangene gemacht hatten, mitverantwortet zu haben.

Das lange für unbezwingbar befundene Singapur fiel im Februar 1942. Mit dem strategischen Nimbus eines fernöstlichen Gibraltars versehen, glich dieser Verlust in den Augen vieler Zeitgenossen der Zerstörung des Empire, in jedem Fall aber zerstörte er das Grundvertrauen Australiens und Neuseelands in die militärische Stärke Großbritanniens. Aus Sicht des Kriegskabinetts war Britisch-Indien so gut wie verloren. Im März 1942 machte Stafford Cripps, britischer Botschafter in Moskau, das für Churchill zu radikale, für Gandhi zu vorsichtige Angebot, im Gegenzug für volle indische Loyalität während des Krieges im Anschluss freie Wahlen und Selbstregierung einzuleiten. Durch den Kriegseintritt der USA (11. Dezember 1941) setzte ohnehin eine grundlegende Wende ein. Ausgerechnet diejenige Macht, die sich ungeachtet ihrer eigenen vielfältigen imperialen Aktivitäten als genuin anti-imperialistisch begriff, trug zum vorübergehenden Überleben des Empire bei. Überdies waren afrikanische Soldaten in Burma und Äthiopien eingesetzt worden, australische und neuseeländische auf Kreta, kanadische in Hongkong.

Politische Versprechen wurden daher, wie in der «Atlantic Charta» vom August 1941 angekündigt, auch für Nigeria, Kenia und Ägypten gemacht und dort, wo es den Ölreichtum zu sichern galt, in Persien. Die Selbstbestimmungsrechte aller Völker sollten respektiert werden, sich ihre eigenen Regierungsformen frei zu wählen. Für Palästina stellte sich dieser Anspruch als unlösbar heraus und die Briten glaubten ihn vorerst nicht anders beantworten zu können als durch Beschränkung der jüdischen Immigration. Strategisch wertvollen Inseln wie Malta und Ceylon wurde die Unabhängigkeit in Aussicht gestellt. Jamaika, Trinidad und Britisch-Guayana, weitgehend vom Krieg unberührt, erhielten schon vor seinem Ende neue Verfassungen. Armut und schwere Spannungen prägten sie, so dass das Colonial Office sie als den «Slum» des Empire bezeichnete. Das ebenfalls verarmte Neufundland diente den USA als Luftwaffenstützpunkt, bevor es sich 1949 Kanada anschloss. Die Dekolonisation, für die imperiale Elite undenkbar, wie sie 1919 im Umfeld Milners undenkbar gewesen war, warf ihre Schatten weit voraus. Churchill war als Premierminister mit den Worten angetreten, er werde nicht über die Auflösung des Empire wachen. Es fügte sich, dass er 1945 nicht wiedergewählt wurde.

Irak 1923

Die Gründung des Nationalmuseums von Bagdad 1923 geht auf die Initiative einer Forschungsreisenden zurück, die sich als Diplomatin und politische Netzwerkerin einen Namen gemacht hatte. Für Gertrude Bell bildete der Nahe Osten mit dem auf der Konferenz von San Remo 1920 bestätigten britischen Mandat über den Irak ein zweites Zuhause. Vergleichbar mit der gut 30 Jahre älteren Anne Blunt oder mit Mary Kingsley im südlichen Afrika hatte sie ein exaktes Wissen von Geschichte, Kunstgeschichte, Archäologie und den politischen und sozialen Zuständen der von ihr bereisten Länder erworben, zu denen auch Ägypten und Syrien gehörten. Sie beteiligte sich an dem erfolgreichen Manöver, den von den Franzosen vertriebenen Faisal Bin Hussein als König des neugegründeten Iraks zu installieren.

1907 schrieb Bell einen Klassiker der Reiseliteratur, *The Desert and the Sown*, in dem sie die mangelhafte Erfassung des Hinterlandes durch die Kolonialherrschaft der Osmanen schonungslos beschrieb. Weil dieses Reich nur mäßig organisiert war, konnte es sich gegen die innere Zersetzung und den äußeren Druck durch die Europäer nicht zur Wehr setzen. Die Fremdherrscher waren in den Städten präsent, nicht jedoch in der Wüste, die die Beduinen kontrollierten. Bell zeigte, wie bedeutsam die arabische Wüste für die Gestaltung dieses geostrategisch zentralen Raumes war. Für das Empire konnte kolonial erworbenes Wissen mit seinen kulturellen Herrschaftstechniken maßgeblich sein. Kurz nach Bells Aufnahme als erste Frau in die Royal Geographical Society wurde in Kairo ein «arabisches Büro» eingerichtet. Hier zogen die Briten Kenner der Region zusammen, darunter Lawrence von Arabien, die Informationen über die Beduinen auf der Sinai-Halbinsel sammelten, sich für den Geheimdienst nützlich machten und Landkarten in Verbindung mit kontrollierter lokaler Selbstverwaltung entwarfen. So sicherte sich das Empire über einen High Commissioner Einfluss und ließ sich von seinen Geographen beraten, als 1923 Iraks Grenzen, zum Teil willkürlich, zu Jordanien, Saudi-Arabien und der Türkei gezogen wurden. Es übernahm das Amt des Sachverwalters.

8. Dekolonisation: Palästina, Kenia, Hongkong und andere, 1948–1997

Welche Kolonial- und Sozialpolitik danach zu erwarten war, hatte während des Zweiten Weltkriegs eine wichtige Rolle gespielt. Nach einer Umfrage des Colonial Office von 1951 konnten nur vier von zehn Briten eine einzige Kolonie benennen. Für die Mehrheit hatte die imperiale Vergangenheit ihre Relevanz eingebüßt und sie verhielt sich bestenfalls indifferent. Für diejenigen, die seit jeher das Geschäft der pro-imperialen Propaganda betrieben hatten, blieb der Rückzug in die Nostalgie.

Faktoren

Die Politik wollte die Dekolonisation nicht erzwingen. *Erstens* fügten sich in der Geschichte des Britischen Empire Herrschaftsauflösung und Gewalt von Teilungsprozessen strukturell ineinander (Indien, Irland, Palästina, Zypern). *Zweitens* war zu erwarten, dass der Lebensstandard auf den britischen Inseln ohne das Empire bzw. Commonwealth nicht gehalten werden konnte. *Drittens* kam das Schlagwort der Trusteeship ins Spiel, eine Selbstverpflichtung, so lange vertrauenswürdig die Regierungsgeschäfte zu führen, bis eine Kolonie auf eigenen Füßen stehen konnte. Der Paternalismus der Entwicklungshilfe hat hier einen seiner Ursprünge. Unspezifisch blieb, wann es zur endgültigen Machtübergabe kommen würde.

Dieser Punkt betraf insbesondere die afrikanischen Kolonien. Drei Faktoren bestimmten dort den Prozess der Dekolonisation: die «Metropole», in der die Überzeugung gereift sein musste, die Zeit für die Loslösung ihrer Kolonien sei gekommen, und die internationalen Beziehungen im Zeichen des Ost-West-Konflikts. Für die regionalen anti-kolonialen Bewegungen und Unabhängigkeitskämpfe, den dritten und ausschlaggebenden Faktor, war die Trusteeship hingegen nicht empfänglich. Außenminister Ernest Bevin vertrat diese Auffassung und behauptete, Kolonien, die zu voreilig den Verbund des Empire verließen, würden allzu leicht in den sowjetischen Machtbereich geraten.

Außerhalb Afrikas war dies potentiell in Malaysia möglich, wo eine starke kommunistische, vom Erfolg in China angeregte Guerillabewegung (Malayan Races Liberation Army) wirkte. Bereits bis 1950 waren über 1500 Zivilisten und fast 1000 Terroristen in diesem Konflikt zu Tode gekommen, High Commissioner Henry Gurney wurde ermordet. 1963 entstand der muslimisch geprägte Staat Malaysia (Sabah, Sarawak, Labuan und Singapur). Der Reichtum an Kautschuk und Zinn hatte die internationale Aufmerksamkeit auf diese Region gelenkt, in der politische und religiöse Glaubensfragen aufeinanderstießen. Weil sie auf Dauer nicht kompatibel waren, trennten sich die malaysische Regierung in Kuala Lumpur und das chinesisch dominierte Singapur 1965 voneinander, ohne dass zu diesem Zeitpunkt vorauszusehen war, dass der unabhängige Stadtstaat einst eine außergewöhnliche ökonomische Erfolgsgeschichte schreiben würde, die dem frühneuzeitlichen Venedig glich.

Anfänge

Den Anfang hatte die Spaltung des indischen Subkontinents in Indien und Pakistan gemacht. Ihr waren im Januar 1948 die Unabhängigkeit Burmas (Myanmar) und im Februar die Ceylons (Sri Lanka) gefolgt. Im Mai endete das Mandat für Palästina und es entstand der Staat Israel. Das Teilungsmotiv behielt seine konstitutive Bedeutung bei, nachdem sich das östliche Pakistan in Form des neugegründeten Staates Bangladesch 1971 vom westlichen Teil trennte und eigenständig Mitglied des Commonwealth wurde. Autonomiebestrebungen historisch tiefer verwurzelter Art gab es auch auf den britischen Inseln durch den Separatismus (Devolution) in Wales und Schottland und den militanten Konflikt in Nordirland. Sie sind Bruchstellen eines in Auflösung begriffenen politischen Konstrukts.

Durch die erste Welle der Dekolonisation wurde zwar ein

Fundament in Frage gestellt, das etwa die britische Seeroutenlogik von Suez über Aden bis zum Kap definiert hatte, doch bedeutete dies nicht, dass die Weltkarte sogleich ganz neu gezeichnet werden musste. Das seit der gewonnenen Schlacht von El-Alamein (1942) bis zur Unabhängigkeit Adens (1967) wegen des Ölreichtums verstärkte Interesse am Nahen Osten nahm nicht ab. Außerdem schätzte das Colonial Office die afrikanischen Kolonien noch keineswegs als verhandelbar ein. Bevor sich Großbritannien 1961 erstmals um die Mitgliedschaft in der Europäischen Wirtschaftsgemeinschaft bewarb, exportierte es bis zu 70 Prozent seiner industriellen Güter in die nicht-europäische Welt. Erst danach wurden die wirtschaftlichen Beziehungen zu den Dominions schwächer, in den Jahren nach 1945 hatten sie sich sogar kurzzeitig als besonders eng erwiesen. Denn die globalen Märkte, strategischen Stützpunkte und Interessen waren nicht mit einem Mal verschwunden. Kupfer und Uran, Gold und Kaffee: Nach wie vor lieferten afrikanische Kolonien wichtige Produkte nach Großbritannien, das seinerseits Kapital investierte. In diesem Sinne setzte sich der informelle Finanzimperialismus durch.

Das semifeudale System mit seinen lokalen Eliten, die wie Spielbälle in den Händen der Briten funktioniert hatten, bestand allerdings nicht mehr lange. Die nationalen Bewegungen, die im Westen Afrikas und in Nigeria einsetzten, die 1953 die Zentralafrikanische Föderation (Nord- und Südrhodesien sowie Njassaland) gründeten, die im 1957 unabhängig gewordenen Ghana politische Führer wie Kwame Nkrumah besaßen und die sich ungemein zügig verbreiteten, wurden zu Vorboten eines fast ganz Afrika ergreifenden, unaufhaltsamen Prozesses. Nicht wenige werden mit unbarmherzigen Sezessionskriegen in Verbindung gebracht, etwa als sich 1967 das östliche Nigeria unter dem Namen Biafra für unabhängig erklärte und bis 1970 mit genozidalen Methoden niedergerungen wurde. Biafra mochten weltweit Sympathien entgegengebracht werden, Großbritannien aber hielt sich an die Commonwealth-Regeln und unterstützte die Zentralregierung seiner ehemaligen Kolonie.

Aus London zurückgekehrt, wo er eine pan-afrikanische Bewegung hatte aufbauen wollen, begann Nkrumah früh damit, das politische Klima mit Hilfe seiner Convention People's Party zu prägen. Das Bedürfnis, Unabhängigkeit, Stabilität und ökonomisches Wachstum aufeinander abzustimmen, war vor dem Hintergrund des auf Europa zugeschnittenen Marshallplans groß. Modernisierung und Industrialisierung sollten in der Vorstellung der britisch sozialisierten Eliten Afrikas als «westliche» Modelle imitiert werden. Der Dependenztheorie zufolge war es ein Ziel imperialer Herrschaft, die von ihr abhängigen Länder rückständig zu halten. Dies galt es nun zu überwinden, obwohl der Widerspruch nicht auszuräumen war, dass die Massenmobilisierung nur auf der Grundlage anti-moderner Massenfrömmigkeit («Fundamentalismus») erreicht wurde. Damit war eine inhärente Spannung in der nationalen Bewegung angelegt.

Umbrüche

Die Kriege in Kenia (1952–1956) und Zypern (1954–1959) und das Debakel vom Suezkanal (1956) vermitteln einen Eindruck von der zeitlich engen Abfolge der Dekolonisationskrisen. Weil das Öl eine überlebensnotwendige Funktion erlangte, wurde eine solche auch seinen Transportwegen nach Europa zugeschrieben. Palästina galt als unkontrollierbar und aus Ägypten, dem bei weitem bevölkerungsreichsten Land der arabischen Welt, mussten sich die britischen Truppen 1954 zurückziehen, so dass mit Zypern ein einziger, dann 1960 unabhängig gewordener Stützpunkt in dieser Region verblieb. Er wurde in einem bitteren Guerillakrieg zwischen griechischen und türkischen Ansprüchen zerrieben.

Die Nationalisierung des Suezkanals durch den ägyptischen Präsidenten Gamal Abdel Nasser forderte das britische weltpolitische Selbstbild in seinem Kern heraus. Premierminister Anthony Eden fühlte sich erinnert an die europäischen Diktatoren vor 1945 und das Scheitern der Appeasementpolitik. Im Bündnis mit Frankreich und Israel gegen Ägypten, aber von den Vereinigten Staaten auf Mittelmaß gestutzt, musste Großbritannien eine bittere Lektion hinnehmen und nach dem britisch-französischen Angriff auf Port Said auf die geplante Invasion verzichten. Im Unterschied zum «Mau Mau»-Krieg in Kenia, bei dem offiziell über 12 000, geschätzt bis zu 100 000 Menschen getötet wurden, wo es sich aber vornehmlich um den Konflikt zwischen einer rassistischen Siedlerminderheit mit einer nach wie vor kolonial behandelten Bevölkerungsmehrheit handelte, war die Suezkrise ein Thema, das die Supermächte unter sich ausmachten, ohne die ehemalige Weltmacht gleichberechtigt einzubeziehen.

Spätestens hier koinzidierte eine koloniale Situation (Kenia), wie sie auch vor 1945 hätte stattfinden können, mit einer globalen (Suezkanal), die das Ende des Britischen Empire unwiederbringlich zementierte. Überdies war die Idee einer Trusteeship als Brücke zwischen den gesellschaftlichen und politischen Gruppen in Siedlerkolonien wie Kenia und Südrhodesien kaum realisierbar. In Kenia hatten die britischen Siedler die fruchtbaren Höhen gegen die Geheimbünde unter den landlosen Kikuyu für sich verteidigt und die Revolte brutal niedergeschlagen. Mehrere tausend britische Soldaten wurden nach Kenia verlegt, für zehn Jahre wurde der Ausnahmezustand verhängt. 1963 wurde dann Jomo Kenyatta erster Premierminister des Landes, von 1964 bis 1978 dessen Präsident, und formte es zu einem politisch stabilen und wohlhabenden Land. In Ägypten mit seiner 1956 unabhängig gewordenen Subkolonie Sudan und dem Algerienkrieg in der Nachbarschaft konnte dagegen von Stabilität nicht die Rede sein. Und dann erschütterte den Irak, Sitz der meisten britischen Ölraffinerien, 1958 eine Revolution. Kuwait erklärte sich 1961 für unabhängig.

Wind of Change bis 1997

In seiner berühmten Rede in Kapstadt (3. Februar 1960) kündigte Harold Macmillan einen «Wind of Change» an, der ganz Afrika, eines Tages auch den Apartheidstaat von Südafrika und Südrhodesien (Simbabwe), ergreifen und die Freiheit bringen würde. Tatsächlich wurde das in diesen beiden Fällen erst 1990 bzw. 1980 Wirklichkeit. Die Siedlergesellschaften wie auch der 1961 gegründete, rechts-konservative und unionistische

«Monday Club», der Immigration nach Großbritannien und Dekolonisation bekämpfte, witterten einen Verrat am imperialen Erbe. Dies setzte sich noch in dem an einen jingoistischen Nationalstolz appellierenden Falkland-Krieg (1982) fort. Begeisterung für das Militärische und die Verteidigung der kolonialen Besitzungen zu wecken, war zutiefst viktorianisch, insofern Margaret Thatcher sich populäre Reflexe aus der Vergangenheit politisch zunutze machte. Ungeachtet der strategischen und wirtschaftlichen Bedeutungslosigkeit der Falkland-Inseln kostete der Krieg 2000 Soldaten ihr Leben.

Nicht nur in Südafrika, sondern auch auf den britischen Inseln war soziale und ethnische Ausgrenzung gegenwärtig. Während bis in die Mitte der 1960er Jahre über 1,25 Millionen Briten insbesondere nach Australien und Neuseeland emigriert waren, wanderten in der gleichen Zeit Menschen aus Irland und aus der Karibik, aus West- und Ost-Afrika sowie Südasien ein. Bis in die Mitte der 1950er Jahre waren es nur niedrige Zahlen gewesen, aber das US-amerikanische Gesetz zur Begrenzung der Einwanderung aus der Karibik in die USA (1952) trug zu einem Anstieg auf über 40000 jährlich bei. Im Jahr 1961 kamen 136000 Einwanderer. Das noch von Amery beschworene Ideal einer Einheit des Commonwealth musste sie erwarten lassen, willkommen geheißen zu werden, zumal die 1948 verabschiedete Definition der britischen Nationalität allen Mitgliedern des Commonwealth freien Zugang nach Großbritannien gewährte.

Dennoch brachen ausländerfeindliche Unruhen aus, in Birmingham und Nottingham bzw. im Londoner Stadtteil Notting Hill besonders virulent gegen Einwanderer aus der Karibik, worauf der Notting Hill Carnival zurückgeht, der heute farbenfroh für Toleranz wirbt. Die White Defence League, die League of Empire Loyalists und das Union Movement von Oswald Mosley stellten sich den Immigranten entgegen. Bis 1962 der Commonwealth Immigrants Act verabschiedet wurde, dem 1968 ein zweiter folgte, hatte es immer wieder ausländerfeindlich motivierte Ausschreitungen gegeben, die am 20. April 1968 einen traurigen Höhepunkt in Enoch Powells berüchtigter «Rivers of Blood»-Rede in Birmingham fanden. Powell, eine gewichtige

Stimme im äußersten rechten Spektrum der Konservativen Partei, vertrat die Meinung, ein Klein-England könne ohne multilaterale Körperschaften wie die Vereinten Nationen auskommen und solle sich primär auf die Größe seiner imperialen Geschichte besinnen. Menschenrechtsbewegungen lehnte er mit aller Entschiedenheit ab. Aber er konnte nicht verhindern, dass sich die Grundsatzerklärung gegen den Rassismus, wie sie 1971 auf der Commonwealth-Konferenz in Singapur verabschiedet wurde, an alle Mitglieder richtete. 20 Jahre später, 1991 in Harare, erneuerte das Commonwealth sein Bekenntnis zu den Menschenrechten. Ein «Wind of Change» hätte also auch das «Mutterland» des Empire erreichen müssen.

War ein Land Mandat der Vereinten Nationen wie Tanganjika, war die Machtübergabe weniger kompliziert. Julius Nyerere hatte sich vom indischen Nationalkongress inspirieren lassen und die Einheit über das Risiko einer Mannigfaltigkeit von Regionalismen gestellt. Die Konsequenz war häufig ein Nationalstaat mit einem Einparteiensystem, der allzu leicht in eine Ein-Mann-Diktatur abdriften konnte. Dekolonisationsdynamiken und Militärputsche (z. B. Robert Mugabe 1980 in Simbabwe) griffen oft ineinander über. Dazu kamen Negativbeispiele wie Südafrika, das 1961 Republik wurde und aus dem Commonwealth ausschied, und das des belgischen Kongo. Belgien hatte seine Kolonie 1960 mit einem Minimum an Vorbereitungen in die Unabhängigkeit entlassen. Die Unruhen wirkten sich bis weit in das südlich benachbarte Rhodesien (Simbabwe) hinein aus. Dessen Föderation mit Njassaland (Malawi) brach 1963 auseinander. Kenneth Kaunda, in seiner Verbindung aus Christentum und Sozialismus durchaus Nyerere vergleichbar, stellte sich an die Spitze der Unabhängigkeitspartei des neuen Staates Sambia. Fortan nannte sich nur noch der südliche Landesteil Rhodesien, in dem immerhin eine weiße Minderheit von zehn Prozent lebte. Zu politischen und ökonomischen Zugeständnissen an die schwarze Bevölkerungsmehrheit waren sie und Regierungschef Ian Smith nicht bereit, und Premierminister Harold Wilson stellte klar, dass er nicht eingreifen würde. Lediglich in Konflikten wie dem Guerillakrieg auf Zypern rechtfertigte sich aus Londoner Sicht ein Militäreinsatz, um eine dort bis heute bestehende Militärbasis zu sichern. Ein anderes Beispiel bildete die Grenzsicherung auf Borneo gegen die Expansionsgelüste Indonesiens.

Allein in den 1960er Jahren erklärten sich nahezu 30 ehemalige Kolonien für unabhängig, angefangen im Juni 1960 mit Britisch-Somaliland. Es folgten im April 1961 Sierra Leone, im August 1962 Jamaika, im Oktober 1964 das heutige Sambia, im Oktober 1966 das heutige Lesotho und im September 1968 Swasiland. Viele der neuen Machthaber wie Kenyatta, Nyerere, Nkrumah und Kaunda prägten ihr Land, hier Jinnah und Nehru vergleichbar, über lange Zeit und übernahmen dafür die Sprache und Architektur des Empire und auch dessen Verwaltungsstrukturen.

Es kamen viele Inselgruppen hinzu, manche von ihnen aus den frühen Anfängen des Empire wie Barbados (1966) und Bahamas (1973), manche erst Erwerbungen aus dem 19. Jahrhundert wie Mauritius (1968) oder die Fidschi-Inseln (1970). In der Vergangenheit hatten diesen ganz unterschiedliche Interessen gegolten, ob für Sklavenplantagen oder aus militärstrategischen Gründen, als Ziele von Kontraktarbeitern oder um Frischwasser und Kohle für die Flotte zu laden. Viele Briten kannten die westindischen Inseln aber wohl nur über ihr Cricketteam oder als Urlaubsparadies. Eine politische und wirtschaftliche Einheit, die ihre Bezeichnung suggerierte, gab es nicht, als Ersatz dafür jedoch einzelne Föderationen in dem Bewusstsein, zu viele und zu klein zu sein. Selbst Malta mit einer Bevölkerung von nur 300 000 war da vergleichsweise eigenständiger.

Für die britischen Inseln stellte sich die Umformung des Empire in das Commonwealth, wofür in London 1965 ein Sekretariat errichtet wurde, als nicht unproblematisch dar, weil die neue Orientierung auf den europäischen Markt eine Distanz zum Handel mit den Commonwealth-Staaten zur Folge haben musste. Der Sterling-Raum, bereits zwischen 1931 und 1940 geschaffen, der vor Finanzkrisen und Währungsschwankungen schützen sollte, erwies sich als immer weniger geeignet, auf die Herausforderungen der globalen Märkte zu reagieren. Während die britische Wirtschaft in den 1960er Jahren stagnierte, wurde der Antrag auf Aufnahme in die Europäische Wirtschaftsgemeinschaft von Präsident de Gaulle erneut verhindert (1967). Erst 1972 sollte der Beitritt gelingen. Den strukturellen Übergang von einer Industrie- zu einer Dienstleistungsgesellschaft, den der Markt des Commonwealth hatte verzögern können, konnte der europäische indessen nicht aufhalten.

Das Commonwealth erlangte ersatzweise symbolische Relevanz. Die Monarchie trug dazu bei. Der Krönungstag von Elisabeth II. (2. Juni 1953) koinzidierte mit der Erstbesteigung des Mount Everest (29. Mai 1953). Die britischen Tageszeitungen schrieben, die «Eroberung» des Everest eröffne ein neues elisabethanisches Zeitalter und schließe an die bewährten «heroischen» Qualitäten Drakes und Raleighs an. Neue Horizonte seien erreicht worden. Weil der höchste Berg der Welt nach einem in Indien tätigen viktorianischen Kartographen benannt worden war (1856), war er ein Berg des Empire und dank der Partnerschaft von Edmund Hillary und Tenzing Norgay zu einem modernen Wahrzeichen des Commonwealth geworden. Monarchische Repräsentation zum einen und Pioniergeist des Einzelnen zum anderen mündeten in die Vision, das Empire sei eine friedliche Angelegenheit zur Verbesserung der Menschheit.

In den 1990er Jahren war etwas davon zu spüren – von der Präsidentschaft Nelson Mandelas in Südafrika (1994–1999) bis zum Karfreitagsabkommen (1998), das den Bürgerkrieg in Nordirland endgültig beenden sollte. In den Augen vieler besiegelte 1997 das wirkliche Ende des Empire, als nach 156 Jahren britischer Herrschaft Hongkong als Sonderverwaltungszone an China zurückgegeben wurde. Die Bevölkerung Hongkongs zählte etwa 6,5 Millionen Menschen und machte damit 97 Prozent des Restbestands aller noch von London abhängigen Territorien aus. Von den übrigen drei Prozent ist kein Verlangen nach politischer Unabhängigkeit zu vernehmen. Die Fragmente der postkolonialen Welt bleiben bestehen und erinnern an die Fragmente der kolonialen Anfänge sowie an die in der Weltgeschichte konstante Fragmentierung ihres größten Kolonialreichs.

Empire Windrush 1948

Drei Jahre nach dem Zweiten Weltkrieg erreichten an Bord des Schiffes «Empire Windrush» erstmals 492 Frauen, Männer und Kinder den Hafen von Tilbury nahe London. Sie hatten sich von Kingston, Jamaika, aus auf den Weg gemacht, um in Großbritannien eine neue Zukunft zu suchen. Viele von ihnen, auch aus Barbados, fanden im Gesundheits- und im Transportwesen Verwendung. Weil sie den Rechtsstatus von britischen Staatsangehörigen hatten, solange ihre Heimatländer britische Kolonien waren, konnten sie erwarten, leicht Anschluss zu finden. Das Arbeitsministerium schlug Alarm, konzedierte ihnen zwar ihr Recht auf Immigration, machte aber zugleich klar, dass dazu nicht ermutigt werden sollte. Ein feiner Unterschied wurde gemacht zwischen Einwanderern aus den Commonwealth-Staaten, deren Staatsbürgerschaft man über den British Nationality Act (1948) gesetzlich definierte, und den Briten im Vereinigten Königreich, deren Staatsbürgerschaft überdies historisch bestimmt war. Von 1962 an wurden die Zugeständnisse an die Einwanderer allmählich wieder rückgängig gemacht.

«Empire Windrush» steht seitdem stellvertretend für die Spannung zwischen einer konstruierten klein-englischen Identität und der Forderung nach einem weltoffenen Multikulturalismus. Findet sich das eine in Fish & Chips, so das andere in einer kosmopolitischen Küche; das eine in der Zurückweisung bei Bewerbungen um Wohnraum und Arbeitsplätze, das andere in der Neudefinition von Stadtteilen, in denen Menschen etwa mit pakistanischem Hintergrund das Straßenbild prägen. In der Summe gab es zwischen 1948 und 1973 circa 550000 Einwanderer. Als 1971 das Gesetz geändert wurde, erhielten diejenigen, die bereits in Großbritannien lebten, eine geduldete Aufenthaltsgenehmigung, ohne formell eingebürgert zu werden. Das löste 2018 den Windrush-Skandal aus, als die Regierung den Nachkommen der Windrush-Generation androhte, ihren Rechtsstatus zum Anlass zu nehmen, sie des Landes zu verweisen, solange sie ihre Staatsangehörigkeit nicht belegen konnten. Sie hätten dies auch ohne Ausweis über ihre Steuererklärung tun können.

Doch nun kündigte ihnen die Regierung ihren Zugang zum staatlichen Sozialwesen, bis eine heftige öffentliche Debatte sie zum Einlenken zwang.

Stuart Hall, gebürtiger Jamaikaner, einer der angesehensten und einflussreichsten Soziologen und Kulturtheoretiker, gehörte dieser Generation an, ebenfalls der aus Trinidad stammende Schriftsteller V. S. Naipaul, der 2001 den Literaturnobelpreis erhielt. Sie war auf eine monokulturelle, monoethnische britische Nachkriegsgesellschaft getroffen. Ihre Begegnung stellte für sie eine Erfahrung dar, wie sie die Pioniere im frühen 17. Jahrhundert in Amerika gemacht haben müssen. Aber die Windrush-Generation war dadurch nicht zu Kolonisatoren geworden.

9. Bilanz

Kein Weltreich war auf allen Kontinenten und Meeren so präsent wie das Britische Empire. Das ist umso bezeichnender angesichts der Größe der britischen Inseln im Vergleich zu ihrem riesigen ehemaligen Kolonialbesitz. Historisch hat sich Großbritannien seit der Frühen Neuzeit darauf eingerichtet, nicht nur einem einzigen Kontinent anzugehören und daher europa- *und* weltgeschichtlich zu agieren. Der Europa- und der Weltbezug sind keine Gegensätze, obwohl sie in der politischen Rhetorik immer wieder so ausgespielt worden sind. Globalgeschichtlich betrachtet, trifft es mehrheitlich zu, entweder eine Kolonie gewesen zu sein oder ein Kolonialreich besessen zu haben. Für die USA gilt beides. Macht sie das zum notwendigen Nachfolger des Empire in Form einer *translatio imperii*?

Das unbewältigte Erbe des Empire ist eine Angelegenheit seiner ungebrochenen Aktualität. Die weltweite Hegemonie der englischen Sprache und des angelsächsisch geprägten Kapitalismus, die Beliebtheit der Commonwealth Games und der Erziehungsideale der englischen Internate, die Rechtstradition des Common Law und der Freihandel: Dies alles deutet auf ein «britisches imperiales System». Einzigartig war das Britische Empire darin, wie in einem Lehrbuch alle Formen der Kolonisation in sich vereint zu haben: (1) Stützpunktkolonien wie Aden, Hongkong, Malta und Gibraltar; (2) Beherrschungskolonien wie Britisch-Indien; (3) Siedlungs- und Plantagenkolonien wie Irland, Jamaika, Kanada, Australien, Neuseeland, Südafrika und Südrhodesien; (4) Mandatsgebiete wie Palästina und Irak; (5) Protektorate wie Ägypten und Sansibar; (6) ein Kondominium mit Frankreich wie die Neuen Hebriden.

Eine Bilanz aber lässt sich nicht ohne Verweis auf die Kontroversen und den Zorn ziehen, die die britische Kolonialgeschichte nach wie vor auslöst. Sollen koloniale Objekte aus britischen Museen an ihre Herkunftsländer zurückgegeben werden und auf welche Weise? Soll Cecil Rhodes, für viele zwischen Oxford und Kapstadt die äußerst umstrittene Reizfigur eines besonders skrupellosen Imperialisten, weiterhin Namensgeber für Stipendien, Einrichtungen und Erinnerungskultur bleiben? Müssen das All Souls College in Oxford und das Codrington College auf Barbados nicht das Vermächtnis des Plantagenbesitzers Christopher Codrington hinterfragen, wodurch sie sich seit Beginn des 18. Jahrhunderts finanzieren? Gilt nicht das Gleiche für Henry Dundas, Viscount Melville, prominenter schottischer Politiker um 1800, dessen imposante Statue noch in Edinburgh thront, obwohl er persönlich die Abschaffung der Sklaverei hinauszögerte?

Bemerkenswert ist, dass die aktuelle Kritik noch überwiegend auf das Vermächtnis der Geschichte der Sklaverei zielt, weniger jedoch auf die koloniale Expansion und die imperiale Herrschaft. Die Soziologin Gurminder Bhambra spricht in diesem Zusammenhang von «methodological whiteness». Eine Umbenennung von Städten hat demgegenüber eingesetzt. Harare hieß früher Salisbury, Chennai war Madras und die neuseeländische, nach einem Kommandanten benannte Stadt Hamilton soll ihren ursprünglichen Maori-Namen Kirikiriroa zurückerhalten.

Im Umfeld der «Black Lives Matter»-Bewegung breitete sich im Sommer 2020 in Großbritannien die Forderung aus, Denkmäler von Persönlichkeiten, seien sie Sklavenhändler gewesen oder mit dem Kolonialismus assoziierte Politiker, zu schleifen. Die meisten der Erinnerungsorte und -objekte des Empire sind zu Streitgegenständen über sein Für und Wider geworden. So rückt seine Geschichte in die Gegenwart wie lange nicht. Wohin soll die Debatte um das Plädoyer des Theologen Nigel Biggar führen, das Empire müsse *auch* in positivem Licht betrachtet werden? Einer der wichtigsten Kritiker, der Journalist und populäre Historiker David Olusoga, klagt im Gegensatz dazu ein Weißwaschen der Vergangenheit an und eine institutionelle Benachteiligung aller ethnischen Minderheiten in Großbritannien, die das Erbe der Sklaverei und der Zivilisierungsmission sei. Die zahlreichen Widersprüche, die die britische Kolonialherrschaft genauso aufgeworfen hat wie jede andere, verbieten eine einfache Erklärung. Sie rufen zu transimperialen Vergleichen auf, machen Verflechtungs- und Transferprozesse sichtbar und hinterfragen die Vorstellung von angeblichen nationalen Besonderheiten. Ist Cricket ein englischer oder längst ebenso ein indischer und australischer Sport? Und so fordern sie stets von Neuem zum Nachdenken darüber heraus, warum und wie das Britische Empire trotz seiner Größe und Überdehnung, seiner vielfältigen Krisen und Fragmentierungen überhaupt so lange bestehen konnte – und wie das Wissen von den kolonialgeschichtlich geprägten Nachwirkungen bis in die Gegenwart fortwährend geprüft werden muss.

Beaufortsee
Baffin Bay
Europäische Nordmeer
Hudson Bay
Kanada
GROSS-BRITANNIEN
Irland
Neufundland
Atlantischer Ozean
Gibraltar
Bermuda-I.
Golf von Mexiko
Bahama-I.
Brit.-Honduras
Jamaika
Leeward-I.
Barbados
Trinidad und Tobago
Gambia
Brit.-Togo
Sierra Leone
Gold-küste
Brit.-Guayana
Brit.-
Ascension
Cook-I.
Tokelau-I.
Tonga
Niue
Pitcairn-I.
St. Helena
Atlantischer Ozean
Tristan da Cunha
Gough-I.
Pazifischer Ozean
Falkland-I.
Südgeorgien
Süd-Sandwich-I.
Kap Hoorn
Süd-Orkney-I.
Süd-Shetland-I.
0 1000 2000 3000 km

Das Britische Empire in seiner größten Ausdehnung
arentssee
Palästina
Zypern
Transjordanien
Kuwait
gypten
Bahrain
Katar
Oman
(Trucial States)
Anglo-
Ägypt.
Sudan
Aden
Sokotra
Brit.-Somaliland
ganda
Kenia
(Brit.-Ostafrika)
nganjika
Sansibar
Seychellen
N.-
odesien
Njassaland
S.-Rhodesien
Mauritius
Betschuanaland
Transvaal
Swasiland
Orange River
Natal
Basutoland
dafrik.
nion
Prinz-Edward-I.
Sikkim
Indien
Burma
Lakkadiven
Malediven
Ceylon
Andamanen
Nikobaren
Chagos-I.
Malaiische
Staaten
Singapur
Christmas-I.
Kokos-I.
Weihai
Hongkong
Pazifischer
Ozean
Brunei
Brit.-N.-Borneo
Sarawak
Neuguinea
Papua
Gilbert- u.
Ellice-I.
Nauru
Brit.
Salomonen
Neue Hebriden
Fidschi-I.
Westsamoa
Norfolk-I.
Australien
Indischer Ozean
Tasmanische
See
Tasmanien
Neuseeland
Vereinigtes Königreich
Das Britische Empire 1901 (einschl. Dominions)
Vor 1939 ausgeschieden
Zwischen 1901 und 1939 hinzugekommen

Verzeichnis der Kolonien, Dominions, Protektorate und Mandatsgebiete

Aden 1839–1967; *Anguilla* 1650–; *Antigua* 1632–1981; *Ascension* 1815–; *Australia* (New South Wales 1788, Tasmania 1825, Western Australia 1829, South Australia 1836, Victoria 1851, Queensland 1859; Commonwealth of A. 1901, Dominion 1907) –1931; *Bahamas* 1629–1973; *Bahrain* 1882–1971; *Barbados* 1627–1966; *Barbuda* 1628–1981; *Basutoland* (Lesotho) 1868–1966; *Bechuanaland* (Botswana) 1885–1966; *Bermuda* 1609–; *British Antarctic Territory* 1819–; *British Guiana* (Guayana) 1796/1831–1966; *British Honduras* (Belize) 1639–1981; *British North Borneo* (Sabah, Malaysia) 1881–1963; *British Somaliland* 1885–1960; *British Togoland* (Ghana) 1914, Mandat 1919–1956; *British Virgin Islands* 1766–; *Brunei* 1888–1983; *Burma* (Myanmar) 1824/1885–1948; *Canada* (Northwest Territories 1670, Nova Scotia 1713, Prince Edward Island 1763, Canada East/Québec 1763, Canada West/Ontario 1763, Manitoba 1763, New Brunswick 1784, British Columbia 1866; Konföderation 1867, Dominion 1907) –1931; *Cayman Islands* 1670–; *Ceylon* (Sri Lanka) 1815–1948; *Chagos Archipelago* 1794/1814–; *Cyprus* 1878–1960; *Dominica* 1761/1815–1978; *Egypt* 1882, Protektorat 1914–1922 (Suezkanal bis 1954); *Ellice Islands* (Tuvalu) 1892–1978; *Falkland Islands* 1832–; *Fiji* 1874–1970; *Gambia* 1661–1965; *Gibraltar* 1704–; *Gilbert Islands* (Kiribati) 1892–1979; *Gold Coast* (Ghana) 1631–1957; *Grenada* 1762–1974; *Helgoland* 1807–1890; *Hongkong* 1842–1997; *India* (India, Pakistan, Bangladesh) 1609/1757–1947; *Ionian Islands* 1809–1864; *Iraq* 1915, Mandat 1920–1932; *Ireland* 1169–, 1801–1922 Union mit Großbritannien, Dominion und Irish Free State 1922, Éire 1937, Republik 1949; *Jamaica* 1655–1962; *Kenya* 1888–1963; *Kuwait* 1899–1961; *Labuan* (Malaysia) 1846–1963; *Malaya* (Malaysia) 1786–1957, Sabah/Sarawak/Labuan/Singapore 1963; *Maldive Islands* 1887–1965; *Malta* 1802/1814–1964; *Mauritius* 1810–1968; *Minorca* 1708–1783; *Montserrat* 1632–; *Mosquito Coast* (Nicaragua) 1658–1894; *Muscat and Oman* 1861–1971; *Nauru* 1914, Mandat 1920–1968; *Nevis* 1628–1983; *Newfoundland* 1497/1713 (Dominion 1917), 1949 zu Kanada; *New Hebrides* (Vanuatu) 1887 Kondominium mit Frankreich, –1980; *New Zealand* 1769/1840 (Dominion 1907) –1931; *Nigeria* 1861/1900–1960; *Northern Rhodesia* (Zambia) 1891/1923–1964; *Nyasaland* (Malawi) 1891–1964; *Palestine* (Israel/Palestine) 1918, Mandat 1920–1948; *Papua* 1884, 1945–1975 Papua New Guinea; *Pitcairn Islands* 1838–; *Qatar* 1916–1971; *St. Helena* 1651/1834–; *St. Kitts/St. Christopher* 1623–1983; *St. Lucia* 1814–1979; *St. Vincent*

1773–1979; *Sarawak* (Malaysia) 1841 («Brooke rajahs»), Protektorat 1888–1963; *Seychelles* 1794–1976; *Sierra Leone* 1808–1961; *Singapore* 1819/1824–1965; *Solomon Islands* 1893–1978; *South Africa* (Cape Colony 1795/1806/1814, Natal 1843, Orange Free State 1900, Transvaal 1900; Union 1910, Dominion 1910) –1931; *South West Africa* (Namibia) 1915, Mandat von Südafrika 1921–1990; *Southern Rhodesia* (Zimbabwe) 1890/1893–1965; *Sudan* 1898–1956; *Swaziland* 1890/1893–1968 (Eswatini); *Tanganyika* (Tanzania) 1916, Mandat 1919–1961; *Thirteen Colonies* (USA: Virginia 1607, Massachusetts 1629, Maryland 1632, Connecticut 1635, Rhode Island 1644, Delaware 1664, New Jersey 1664, New York 1664, New Hampshire 1679, Pennsylvania 1681, North Carolina 1689, South Carolina 1729, Georgia 1732–1783; *Tobago* 1763–1962, 1888 vereint mit Trinidad; *Tonga* 1900–1970; *Transjordan* 1917/18–1946; *Trinidad* 1797–1962; *Trucial States* 1887–1971 (United Arab Emirates); *Turks and Caicos Islands* 1678–; *Uganda* 1890–1962; *Weihaiwei* 1898–1930 von China gepachtet; *Western Samoa* 1914, Mandat von Neuseeland 1920–1946; *Zanzibar* 1890–1963.

Weiterführende Literatur

David Armitage, *The Ideological Origins of the British Empire*, Cambridge 2000.

Duncan Bell, *Reordering the World. Essays on Liberalism and Empire*, Princeton 2016.

Robert Bickers (Hg.), *Settlers and Expatriates. Britons over the Seas*, Oxford 2010.

Piers Brendon, *The Decline and Fall of the British Empire, 1781–1997*, London 2008.

Peter J. Cain und Anthony G. Hopkins, *British Imperialism 1688–2015*, London 2016.

Nigel Dalziel, *The Penguin Historical Atlas of the British Empire*, London 2006.

John Darwin, *Unfinished Empire. The Global Expansion of Britain*, London 2012.

C. Brad Faught, *The New A–Z of Empire. A Concise Handbook of British Imperial History*, London 2011.

Richard Gott, *Britain's Empire. Resistance, Repression and Revolt*, London 2011.

Catherine Hall und Sonya O. Rose (Hg.), *At Home With the Empire. Metropolitan Culture and the Imperial World*, New York/Cambridge 2006.

Tristram Hunt, *Ten Cities that made an Empire*, London 2014.
Ronald Hyam, *Britain's Declining Empire. The Road to Decolonisation 1918–1968*, Cambridge 2006.
Ashley Jackson, *The British Empire. A Very Short Introduction*, Oxford 2013.
Lawrence James, *The Rise and Fall of the British Empire*, New York 1995.
Denis Judd, *Empire. The British Imperial Experience, from 1765 to the Present*, London 1997.
Trevor Owen Lloyd, *The British Empire 1558–1983*, Oxford 1984.
William Roger Louis (Hg.), *The Oxford History of the British Empire*, 5 Bde., Oxford 1998–99 und *Companion Series*, Oxford 2004 ff.
Jane Lydon, *Imperial Emotions. The Politics of Empathy Across the British Empire*. Cambridge 2019.
Peter J. Marshall (Hg.), *The Cambridge Illustrated History of the British Empire*, Cambridge 2008.
Bill Nasson, *Britannia's Empire. Making a British World*, Stroud 2004.
John Newsinger, *The Blood Never Dried. A People's History of the British Empire*, London 2013.
David Olusoga, *Black and British: A Forgotten History*, London 2016.
Alan Palmer, *Dictionary of the British Empire & Commonwealth*, London 1996.
Andrew N. Porter (Hg.), *Bibliography of Imperial, Colonial, and Commonwealth History Since 1600*, Oxford 2002.
Ders., *Atlas of British Overseas Expansion*, London 1991.
Bernard Porter, *The Lion's Share. A Short History of British Imperialism*, London 1996.
Simon J. Potter, *British Imperial History*, London 2015.
John Holland Rose u. a. (Hg.), *Cambridge History of the British Empire*, 8 Bde., Cambridge 1929–59.
Sarah Stockwell (Hg.), *The British Empire. Themes and Perspectives*, Oxford 2008.
Andrew S. Thompson (Hg.), *Britain's Experience of Empire in the Twentieth Century*, Oxford 2012.
Peter Wende, *Das Britische Empire. Geschichte eines Weltreichs*, München ^{2}2016.

Personenregister